다정한 교실은 살아 있다

다정한 교실은 살아 있다

1판 1쇄 발행   2024년 10월 15일

지은이   허서진

펴낸곳   책과이음
대표전화   0505-099-0411
팩스   0505-099-0826
이메일   bookconnector@naver.com
출판등록   2018년 1월 11일 제395-2018-000010호

홈페이지   https://bookconnector.modoo.at/
페이스북   /bookconnector
블로그   /bookconnector
유튜브   @bookconnector
인스타그램   @book_connector
독자교정   이주현 조민영 진창숙

이 도서는 2024 경기도 우수출판물 제작지원 사업 선정작입니다.

ISBN 979-11-90365-68-0 03370

책과이음 : 책과 사람을 잇습니다!

다정한 교실은 살아 있다

함께 배우고 성장하는
수업을 꿈꾸는
어느 국어 교사의
행복한 교단 일기

허서진 지음

책과이음

선생님, 우리 선생님

선생님이 가꾸는 국어 교실에서는 누구도 소외되지 않았다. 모든 아이가 국어를 오롯이 마주할 수 있었다. 국어를 그저 교과 과목으로만 여기던 나는, 어느새 국어만이 품은 따스함을 애정하게 되었다. 아마도 선생님의 국어 교실을 졸업하는 모든 이가 성적표에 찍힌 숫자 그 너머에 국어의 진의가 존재함을 깨달을 수 있을 거라 믿는다. 선생님의 다정한 교실에 머물며 느낀 온기가 여전히 내 마음을 따스하게 덥힌다.
　　　　　　　　　　　　　　　　　—박보현(2012~2014년 N중학교 재학)

아이들은 누군가 자신을 진심으로 위하는 마음을 기가 막히게 알아차린다. 우리는 그 진심에 이끌려 선생님을 따랐다. 선생님의 수업은 단지 국어라는 과목 자체에만 국한되지 않았다. 어설픈 마음을 단단하게 붙잡아주었고, 주입식 교육이 난무하는 현실에서 내가 나로서 생각하는 법을 알려주었다. 살다가 가끔 선생님을 떠올리는데, 그렇게 선생님이 잠시 머물다 간 자리는 오래전 그날처럼 여전히 따듯하다. 선생님이 내 기억과 마음속 한구석에 덩어리져 나의 일부를 구성함을 느낀다. "저의 열여덟을 풍성하게 만들어주셔서 감사합니다, 선생님."

—구보의 하루(2016년 H고등학교 재학)

학창 시절을 떠올릴 때 가장 먼저 생각나는 건 국어 시간에 옹기종기 모여 있던 책상과 그 교실 안의 우리들이다. 우리가 서로 머리를 맞대고 치열하게 토론하던 순수하고 열정적인 순간들이 문득문득 그립다. 내 책장 속에 여전히 자리 잡고 있는 손때 묻은 국어 공책들은 아마도 내가 선생님을 존경하고 국어 수업을 사랑했다는 명백한 증거이지 않을까?

—곽은영(2013~2015년 N중학교 재학)

어쩌면 가장 여린 마음들이 모여 있는 학교라는 공간에서, 선생님의 교실은 그런 마음들이 쉬어 갈 작은 섬과 같았다. 어느 여름날의 국어 시간, 삼삼오오 모둠을 지어 나누었던 서로의 생각과 소중한 가르침, 깊은 인연과 따스한 위로, 그리고 그 모든 것들이 담긴 이 책에 존경과 감사의 박수를 보낸다.

—이채윤(2016년 H고등학교 재학)

선생님과 함께했던 1년이라는 시간을 지금 돌이켜보면 스스로도 눈에 띄게 성장했던 열여덟의 값진 한때라고 말할 수 있을 것 같다. 단순한 스승과 제자 관계를 뛰어넘어, 나는 선생님께 누구보다 의지했고, 누구보다 신뢰했고, 학업 이외의 개인적인 고민까지 마음껏 털어놓았다. 놀랍게도 선생님은 우리 반 아이들 스물여덟 명을 조금의 차별 없이 대해주셨고, 우리 모두가 그걸 느끼고 선생님을 진심으로 존경했다. "선생님, 선생님을 담임 선생님으로, 국어 선생님으로 만나뵐 수 있어서 영광이었어요."

—허원지(2016년 H고등학교 재학)

선생님은 내게 처음으로 교직을 꿈꾸게 해주신 분이다. 단호함 속에 숨겨진 선생님의 다정과 사랑을 받아먹으며 나는 마음속으로 선생님을 꼭 닮은 교사가 되고 싶었다. 그런 내가 어느덧 2년 차 입시 영어 강사가 되어 있다. 학생들을 지도하다 힘이 들 때면 어김없이 나의 고2 시절이 떠오른다. 그러고는 '아차, 나는 더했지' 하며 속으로 피식 웃고 만다. 하루하루 선생님의 심정을 헤아리는 나날이 진한 그리움과 함께 깊어지고 있다.

—정성인(2016년 H고등학교 재학)

1학년이 끝나가면서 선생님과 헤어지는 게 너무 아쉬워 눈물을 보였던 적이 있다. 그런데 2학년 때도 허쉬진 선생님을 담임 선생님으로 뵙게 되어 너무나 기쁜 나머지, 나는 그만 "운명인가 봐요!"라고 외치고 말았다. 나중에 '운이 아주 좋아야 존경할 만한 스승을 만나게 된다'는 말을 책에서 접했을 때 문득 나는 내가 참 운이 좋았구나 싶었다. 어느 날은 선생님께서 책 앞면에 짧은 글을 써서 선물해주신 적이 있는데, 거기엔 '너의 온도는 쌤에게 늘 따뜻했단다. 고마워'라고 쓰여 있었다. 그 한 문장이 내가 더 따뜻한 사람이 되어야만 하는 이유로 자리매김했다는 걸 선생님은 아실까?

—박세은(2016년 H고등학교 재학)

선생님의 수업은 정겨운 목욕탕 같았다. 우리는 선생님이 우리를 위해 준비해준 다양한 글을 읽으며 때론 냉탕에 든 듯 이성적으로 생각하고 때론 온탕에 든 듯 감성적으로 이해해보기도 하며, 무릇 삶을 살아가는 태도가 어떠해야 하는지 배워나갔다. 그 목욕탕 한쪽에는 친구들의 지혜를 덤으로 얻을 수 있는 매점까지 있었다. 그 시절의 다정했던 목욕탕에 가보고 싶은 사람들에게 이 책을 추천한다.

—임나희(2016년 H고등학교 재학)

선생님이 있을 땐 소중함을 잘 몰랐지만 선생님이 떠난 빈자리를 마주하며 나는 우리 학교에서 선생님이 얼마나 중요한 역할을 했는지 뒤늦게야 깨달았다. 선생님과 함께한 국어 시간은 다정하고 따뜻했다. 선생님의 가르침 아래 나는 내가 얼마나 글쓰기를 즐거워하는지 발견했고, 한편으로 선생님이 우리를 얼마나 따뜻하게 다독이고 독려해왔는지 느낄 수 있었다. 좋은 선생님이 되고 싶은 사람에게, 그리고 자신이 좋아하는 선생님과 지금의 순간을 후회없이 보내고 싶은 사람에게 이 책을 권한다.

—박유환(2023년 H고등학교 재학)

선생님을 떠올리기만 해도 눈물이 난다. 나는 가장 불안정하던 시기에 누군가에게 의지하는 법을 알지 못한 채 겉으로만 늘 괜찮은 척하며 지냈다. 사람들은 그런 나를 보고 차가운 사람이라고들 이야기했다. 내 마음은 너무 많은 상처로 무너지기 직전이었지만 동정 어린 시선을 받기보다 차라리 차가운 사람으로 보이는 편이 낫다고 생각했다. 그때 선생님은 겉으로 드러나는 모습이 아닌 진짜 나를 들여다보고 마음을 기대게 해준 유일한 사람이었다. 그 따뜻한 배려가 소중해, 늘 마음에 간직하며 지금도 힘들 때마다 꺼내보곤 한다. 지난날의 나처럼 상처를 혼자 감추어둔 사람들에게 선생님의 글이 큰 위로가 되리라 생각한다.　—은(2022~2023년 H고등학교 재학)

선생님은 방황하던 나를 진짜 국어의 세계로 한 걸음 내디딜 수 있도록 도와주셨다. 선생님의 국어 수업을 떠올리면 어김없이 모둠 수업이 생각난다. 선생님은 우리와 같은 눈높이에서 반 아이들 모두를 따뜻하게 보듬고 격려해주셨다. 공동체와 협동을 누구보다 강조하셨고, 그런 이끎 덕분에 모둠 활동에서 눈에 띄게 뒤처지는 친구가 없었다. 선생님의 지도 아래 오늘의 내가 있음을 느끼며, 내가 선생님의 제자라는 사실에 다시 한 번 깊이 감사하는 마음이다.　—박범수(2022년 H고등학교 재학)

삭막하기만 할 줄 알았던 고등학교 생활에 한 줄기 희망이 되어주던 선생님. 국어 시간이면 볼 수 있는 선생님의 그 환한 미소가 얼마나 기다려졌는지 모르겠다. 순수한 사랑에서 피어나는 선생님의 미소는 더불어 우리의 얼굴에까지 미소를 전해주면서 마음 한구석을 따뜻하게 덥혀주었다. 선생님과 학생들 모두가 진심이었던 우리의 국어 수업은 아마 서로에 대한 사랑과 존경의 결과물일 것이라 믿는다.　—양현모(2022년 H고등학교 재학)

공부 스트레스로 한없이 지치고 무기력해질 때 선생님의 수업을 들으면 잠깐이나마 머리가 맑아지는 것 같았다. 비록 시험에 나올 만한 중요 작품은 아니지만 수업을 통해 내 마음에 꼭 와닿는 시를 읽으며 진정으로 위안을 받았고, 나도 모르게 다시 힘을 낼 수 있었다. 지금도 이따금 마음이 지칠 때면 선생님과의 추억을 하나하나 되새기며 활력을 얻는다는 걸 고백하고 싶다.

—시영이(2022~2023년 H고등학교 재학)

학창 시절 진로에 관해 고민할 때 선생님의 도움을 받았던 나는, 그때 선생님이 해주신 말씀 덕분에 지금 사회복지사가 되어 현장에서 일하고 있다. 매달 제자들에게 응원의 쪽지를 보내주시던 선생님의 다정함을 보고 배웠기에 내가 지금 다른 사람들에게 다정을 전하고 있구나 깨닫는 날이 많다. 내 연락처에 여전히 '정신적 지주'로 저장되어 있는 선생님이 오래오래 교직에서 행복과 다정을 전해주길 바라본다.

—박세은(2015년 H고등학교 재학)

내 12년 학창 시절의 국어 시간 중에서 가장 인상 깊었던 수업을 고르라면 선생님과 함께한 에세이 쓰기 수업이라고 말하고 싶다. 서로의 이야기를 들으며 마음속 깊이 간직해둔 것들을 공유하고 공감한 시간이었다. 아마도 학생들의 이야기에 늘 진심이었던 선생님 덕분에 그런 수업이 만들어지지 않았을까. 지금 학교에 다니고 있는 학생이라면, 또 학생들을 가르치는 선생님이라면 이 책을 꼭 한 번 읽어보기를 권한다.

—이상보(2022~2023년 H고등학교 재학)

오늘도 다정한 교실을 꿈꾸며

가끔 포털 사이트에서 '교사'라는 단어를 검색해본다. 상단에 뜨는 기사 대부분이 교사들이 겪고 있는 법적 분쟁에 관한 것들이다. 교권 침해 사례도 많고 교사를 대상으로 한 소송 사례도 많다. 기사 내용만으로도 한숨이 나오지만 그 아래 줄줄이 달린 댓글을 읽다 보면 마음속 깊이 참담함이 밀려온다.

이미 교직에 대한 선망은 사라진 지 오래고, 교사나 학교에 대한 사회적 불신은 뿌리가 깊어지는 모양새다. 이런 상황에서 '다정한 교실은 살아 있다'라고 말하는 것은 내 안의 두려움과 맞서는 일이었다. 학교와 교직에 대한 신뢰가 바닥까지 추락한 지금, 교사로서의 삶이 행복하다고, 교실에서 아이들을 만나고 함께할 수 있다는 건 축복이라고, 오늘도 다정한 마음을 내어 수업을 한다고 말하는 게 과연 어떤 의미가 있을까. 혹 누군가의 마음에 상처를 입히는 일은 아닐까. 나의 이야기가 누군가에게 진심으로 가닿을 수 있을까. 두려움이 엄습할 때마다 자주 머뭇거려야 했다.

나도 학교생활이 매일 즐겁고 행복한 것은 결코 아니다. 버겁고 힘든 순간도 있다. 아주 가끔은 내가 하는 일이 정말 의미 있는 일일까, 회의감이 일기도 한다. 그럼에도 불구하고 나는 여전히 학교가, 교실이, 수업이, 그리고 아이들이 좋다. 다정한 교실을 꾸리고 그 안에서 살아 있는 아이들을 만나 사랑하고 또 사랑받고 싶다.

도대체 이유가 뭘까. 사실 나는 교사를 간절히 꿈꾼 적도 없었고, 그러니 교직에 어떤 환상도 없었다. 대단한 능력치를 지닌 사람도 아니었을뿐더러 엄청난 사명감을 품은 사람도 아니었다. 그런데 왜 나는 내가 교사인 것이 이토록 기꺼운가. 왜 아이들을 만나고 사랑하는 일에 망설임이 없는가.

그동안은 아무리 생각해도 분명한 답을 찾을 수 없었다. 이 책을 쓰면서 비로소 답을 찾았다. 바로 교직의 기쁨과 슬픔을 함께해준 동교 선생님들 덕분이었다.

지난 10여 년간의 교직 생활을 곱씹어보는 동안 내가 정말 좋은 동료들을 많이 만났다는 사실을 새삼 깨달았다. 좋은 아이들을 많이 만났다고 생각해왔지만 돌이켜보면 아이들은 늘 저마다의 이유로 나를 힘들게도, 아프게도 했다. 그 아픔을 어루만져준 이들은 동료들이었다. 그들에게 받은 다정한 마음이 있었기에 지금처럼 학교 현장이 어려운 상황에서도 나는 교실에서, 수업에서, 아이들에게 안심하고 다정한 마음을 내어줄 수 있었다. 어려운 길을 함께 걸어준 동료들, 주저앉은 나를 일으켜준 동료들, 서로의 아픔을 외면하지 않고 안아준 동료들. 결국 내가 꾸린 다정한 교실은 그들이 있었기에 가능했다. 그들을 향한 마음을 표현하기에 고맙다는 말은 턱없이 작다. 교사로 사는 동안 그들이 내어준 마음에 보답하는 마음으로 나도 누군가에게 좋은 동료가 되겠다 다짐해본다.

* * *

책 속 어느 한 문장도 고심하지 않은 것이 없지만, 가장 깊이 고심했고 그만큼 확신하며 마침표를 찍은 문장을 딱 하나만 고르라면 이것이다.

"여전히 학교에는 희망이 있다. 사랑이 있다."

적어도 지금껏 내가 경험한 학교는 희망과 사랑을 말하기에 충분했다. 덕분에 나는 여전히 학교에 희망이 있다고 믿는다. 학교만이 할 수 있는 일이, 학교만이 품을 수 있는 마음이 있다고 믿고 있다. 이 믿음이 나를 넘어 현장에서 고군분투 중인 많은 교사들에게 퍼져나가기를 소망한다. 동료의 힘을 믿고, 수업의 변화를 꿈꾸며, 다정한 교실을 그리는 교사들에게 작은 희망의 씨앗이 되기를 바란다.

두려움에 망설이고 주저할 때마다 진심을 담은 글이면 충분하다며 용기를 주신 책과이음 대표님께 감사함을 전한다. 교단 일기처럼 가볍게 쓰던 글이 물성을 가진 한 권의 책으로 엮일 수 있었던 것은 모두 대표님 덕분이다. 책의 추천사를 써준 제자들에게도 진심으로 고맙다는 말을 하고 싶다. 앞으로 내가 어떤 책을 쓰더라도 이렇게 특별한 추천사는 받지 못할 것이다. 나와 인연이 닿은 지 10년이 훌쩍 지난 제자들부터 긴 육아 휴직 끝에 만난 최근의 제자들까지. 그들의 추천사 덕분에 마침내 책의 마지막 페이지가 완성될 수 있었다. 선뜻 귀한 마음을 내어준 그들에게 진한 사랑을 전한다.

끝으로 학교라는 공간에서 나와 인연을 맺었던 모든 아이에게 이 말을 해주고 싶다. 함께 다정한 교실을 꾸려준 너희들이 있었기에 아직도 나는 학교에서 희망과 사랑을 발견하고 있다고. 이 기적 같은 축복을 온 마음으로 누리며, 오늘도 살아 숨 쉬는 다정한 교실을 꿈꾸고 있다고.

차례

1부 ✳ 교사가 되다

2부 ✳ 교사로 자라다

3부 * 다시 교사로 서다

4부 * 국어 교사로 산다는 기쁨

1부

교사가 되다

나를 진짜 교사로 키운 이들

"선생님! 지금 교실 창문 깨졌어요!"

"선생님! 애들이 교실에서 치고받고 싸우고 난리 났어요."

"선생님! 남자애들 가방에 담배 있어요!"

"선생님! 뒷문이 부서졌어요!"

"선생님! 애들이 교실 커튼 뒤에서 이상한 행동(성적인 행동) 흉내 내요!"

하루에도 열두 번씩 '선생님!'을 외쳐대는 아이들에게 기가 빨리다 못해 질려버릴 지경이었다. 교무실 문만 벌컥 열려도 나를 부르는 환청이 들릴 만큼 모든 신경이 나를 찾는 소리에 민감하게 반응했다. 어떻게 반 구성이 되어도 이렇게 되었나 싶었다. 서른 명의 학급 아이들 중 열 명 가까운 아이들이 각종 사건 사고를 일으키는 걸로 유명했다. 인근 초등학교에서부터 꽤 이름난 장난꾸러기들이었다는데 어찌 된 영문인지 그 아이들이 고스란히 내가 맡은 반에 들어온 것이다. 이제 겨우 2년 차 교사였던 내가 감당하기에는 너무 큰 사건 사고들이 연속으로 일어났다.

지금이었으면 당연히 학교 폭력 위원회에서 다룰 일들을 당시만 하더라도 모두 담임 선에서 해결해야 했다. 왜 하필 나에게 이런 반이 배정되었을까. 대상 없는 원망도 했지만 그래 봤자 모두 내가 책임져야 할 아이들이라는 결론은 달라지지 않았다. 매일 아이들을 불러다 큰소리도 내보고 벌도 세워보고 달래도 보고 매달려도 보았다. 할 수 있는 모든 방법을 동원했다. 하지만 아이들은 쉽게 달라지지 않았다.

그 아이들을 지도하는 데 에너지를 다 쏟다 보니 학급의 나머지 아이들은 방치되기 일쑤였다. 우리 반에 수업을 들어오는 다른 교과 선생님들이 지나가는 말로 "2반은 도저히 수업이 안 된다"라며 한숨이라도 쉬는 날이면 선생님들 눈치를 보느라 교무실에서조차 좌불안석이었다.

＊ ＊ ＊

　"선생님! 민수가 수현이 물병에 알코올 소독제 넣었는데 수현이가 그걸 모르고 마셨어요."

　"응? 무슨 소리야! 지금 수현이는?"

　"보건실에 갔어요!"

　어김없이 교무실 문이 벌컥 열리고, 우리 반 아이 하나가 뛰어들어와 외치는 소리에 몸을 발딱 일으켰다. 알코올 소독제를 마셨다니 너무 놀라고 당황해 정신이 하나도 없었다. 일단 수현이가 있다는 보건실로 뛰어갔더니 다행히 수현이에게는 큰 이상이 없어 보였다. 입에 넣자마자 맛이 이상해서 뱉어버린 덕분에 삼킨 것은 없다고 했다. 그래도 소량의 소독제가 넘어갔을 수 있다는 보건 선생님의 말에 수현이는 여러 차례 입을 헹구고 있었다. 수현이는 소독제를 먹었다는 사실보다 친구가 자기에게 그런 장난을 쳤다는 사실에 깊은 분노를 표출하고 있었다.

　흥분한 아이를 겨우겨우 달래놓고 교실로 올라갔더니 교

실은 교실대로 아수라장이었다. 소독제를 넣었다는 민수는 수현이가 그걸 진짜 마실 줄은 몰랐다며 고개를 푹 숙이고 있었고, 바닥에는 수현이가 던져버린 물병이 뒹굴어 다녔다. 물병 속에 담겨 있던 소독제가 교실 바닥에 쏟아져 교실 전체에 진한 알코올 냄새를 풍겼다. 일을 저지른 민수와 함께 교실을 정리하고, 민수를 교무실로 불러 크게 야단을 쳤다. 두 아이의 부모님께 각각 연락을 드려 상황을 설명하며 연신 죄송하다는 말씀을 드리고 나니 에너지가 완전히 소진된 것 같았다.

이건 정말 내 능력 밖이라고 생각했다. 아이들은 변하지 않는데 나만 애쓰는 느낌. 내 잘못은 없는 것 같은데 또 모든 게 내 잘못 같기도 한, 그 상황을 더는 버티기가 어려웠다. 언제까지 이래야 할까. 답 없는 고민을 하다 하다 여기서 그만 교사 일을 그만두고 싶다는 생각을 했다.

아마 내가 깊은 사명감으로 혹은 오랜 꿈을 이루고자 교사가 되었다면 그때 미련 없이 사직서를 던졌을지도 모른다. 하지만 나는 생계형 교사였다. 그만둘 수 없는 명백한 이유가 있었다. 그 이유가 나를 더 좌절하게 했다. 매일 울고 싶은 마음을 누르고 교실 문 앞에 섰고 아이들을 만났다. 그 마음을 들키면 정말로 아이들 앞에 서지 못할 것 같아 갖은 센 척을 다 해가며 버텼다.

＊ ＊ ＊

만약 센 척만 하며 한 해를 버텼다면 끝내 나는 부러졌을 것이다. 그해 나를 일으켜 세운 건 동료 선생님들이었다. 같은 학년을 맡았던 담임 선생님들과 학년 부장님 덕분에 그래도 하루하루를 버틸 수 있었다.

도저히 내 선에서 감당이 안 되는 사건은 부장님의 주도로 학년 전체에서 함께 다루었다. 그때까지도 마냥 어렵기만 하던 학부모 대응은 부장님의 조언으로 대부분 수월히 넘어갔다. 내가 퇴근도 하지 못하고 학교에 남아 아이들 지도에 진을 빼고 있으면 다른 반 담임 선생님들이 함께 남아 아이들 지도에 힘을 보태주었다. 수업에 들어가서 "제발 담임 선생님 속 좀 그만 썩여라!"라며 대놓고 나의 편이 되어주기도 했다. 선생님들이 내게 보내는 크고 작은 도움과 응원에, 속절없이 주저앉던 내 마음은 자꾸만 다시 일어설 수밖에 없었다.

"찬 바람 불어올 때쯤 되면 다 괜찮아질 거예요."

아이들을 지도하다가 혼이 빠진 채 넋을 놓고 교무실에 앉아 있던 나에게 학년 부장님이 자주 해주신 말씀이다. 꽃샘추위로 찬 바람이 불어오는 3월에 만나, 따스한 봄바람을 거치고 여름 더위를 거쳐 다시 찬 바람이 불어올 때쯤이면 모두 괜찮아질 거라는 말이 왠지 모르게 위로가 되었다. 결국에는 시간이 해결해준다는, 시간이 필요한 일이라는 말. 이십 대였던 나에게는 실감 나지 않았지만 사십 대 후반을 지나던 부장님은 수십 년간의 경험으로 '아이들은 금세 자라고 그러면 조금 나아진다'라는 진리를 이미 알고 계셨던 것 같다.

찬 바람이 불어올 때가 되자 진짜 조금 나아졌다. 그때까지도 아이들을 미워하지 않으려 버티고 버틴 마음에 싹이 트고 꽃이 폈다. 정말 희한한 일이었다. 내가 달라진 건 없는데 아이들이 달라졌다. 사건 사고의 발생 횟수도 줄어들었지만 아이들의 눈빛에서 나를 담임으로 인정하고 신뢰하는 마음이 엿보였다. 초등학교에서부터 궂은 소문이 따라붙다 보니 아이들은 너무도 어린 나이에 잦은 포기를 경험했던 것 같다. 그런데 학년 말까지 저희들을 놓지 않고 때론 애정으로 때론 윽박으로 대하는 나에게 일종의 의리가 생긴 모양이었다. 적어도 나는 자신들을 포기하지 않을 거란 감사한 믿음이. 물론 사춘기의 혹한을 넘어가던 1년 사이에 아이들의 몸과 마음이 훌쩍 자라기도 했을 것이다.

학년 말 교내 축제를 준비하는 기간이 다가오자 1년 동안 내 속을 무던히도 썩인 그 아이들이 자청하여 무대를 꾸렸다. 체크무늬 셔츠에 청바지를 맞춰 입고 틈틈이 연습한 춤을 신나게 추는 아이들의 모습을 지켜보며 눈물 콧물을 쏟았다. 저 아이들을 포기하지 않고 찬 바람 부는 계절까지 무사히 도착했음에 안도했다.

✳ ✳ ✳

지긋지긋할 만큼 힘들었던 한 해가 저물고 다음 해의 업무 분장 희망원을 작성해야 할 시기가 왔다. 한 해를 잘 마무리해서 무사히 이 아이들을 2학년으로 올려보내고 나면 뒤도 돌아보지 않겠다 생각했던 것이 무색하게, 나는 이듬해 희망 담임 학년에 '2학년 담임'을 쓰고야 말았다.

미운 정이 무섭다더니, 나도 내 선택이 이해되지 않았지만 어쩐지 아이들 곁에 한 해 더 머물고 싶었다. 아이들도 내가 지긋지긋하긴 마찬가지였을 텐데(1년 내내 잔소리를 듣고 야단을 맞았으니) 복도에서 마주칠 때마다 "샘! 내년에도 우리 담임 해줘요!"라며 애정을 표현했다. 결국 나는 그 아이들을 따라 이듬해에는 2학년 담임을, 또 그 이듬해에는 3학년 담임을 맡았다.

그렇게 나는 3년 동안 울고 웃으며 그 아이들이 커가는 모습을 모두 지켜보았다. 무사히 모두가 졸업하던 날, 우리는 조금 울고 많이 웃었다.

《도종환의 교육 이야기》에는 저자가 한 아이를 지키기 위해 기울인 처절한 노력이 고스란히 드러나는 글 한 편이 실려 있다. 저자의 노력에도 불구하고 글에서 아이의 변화는 확인할 수 없다. 아이는 끝없이 저자를 실망시키고 좌절하게 한다. 그럼에도 불구하고 저자는 '시시포스 신화'를 예로 들며 교육이란 그런 것이 아니겠냐고 말한다.

다 올려놓았다 싶으면 또 아래로 굴러떨어지곤 하는 바위를 바라보면서도 절망하지 않고 다시 바위를 응시하며 터벅터벅 걸어 내려가 바위를 밀기 시작하는 일. 교육은 어쩌면 매일 그런 일을 되풀이하는 것인지도 모른다는 생각을 할 때가 있다. 주저 앉고 싶고 포기하고 싶지만 거기서 다시 일어서서 허무와 절망 과 실패로부터 매일 다시 시작하는 일.

—도종환,《도종환의 교육 이야기》중에서

누군가를 키우고 기른다는 건 어쩌면 끝없는 좌절과 무 력을 견디는 일일지도 모른다. 아이들의 변화는 더디고 나 한 사람의 노력만으로 이룰 수 있는 일도 아닐 테니. 좌절하 고 무력해지면서도 포기하지 않는 것만이 내가 할 수 있는 유일한 일이었던 그때, 다행히도 아이들은 기적처럼 나와 함께 제자리를 찾아 두 다리를 딛고 서주었다. 얼마나 감사 한 일이었는지.

당시에는 학교가 마치 지옥 같다고도 생각했지만 돌이켜 보면 그때의 경험이 나를 교사로서 성장하게 했음을 부인할 수 없다. 10년도 더 지났지만 아직도 그때 그 아이들의 얼굴 과 이름이 선명하다. 신규 교사의 패기가 무색하게 나를 학 교에서 도망치고 싶게 만들었던 대단한 녀석들. 질풍노도의 시기를 그렇게 강렬하게 보냈으니 지금은 어디서든 제 몫을 하며 잘 살고 있으리라 믿는다. 무엇보다 아이들에 대한 애정이 뭔지, 아이를 키우는 마음이 뭔지, 아무것도 모르던 이십 대의 신규 교사를 진짜 교사로 키워준 아이들에게 이제와 새삼 고맙다는 말을 전하고 싶다.

변화를 꿈꾸다

나는 수업에 진심인 교사다. 이 말에는 한 치의 부끄러움도 없을 만큼 한 차시 수업에도 열과 성을 다한다. 수업은 교사가 학교에 존재하는 이유이고 학생이 학교에 오는 이유라고 생각한다. 열심히 한다고 해서 감히 좋은 수업을 한다고 말할 수는 없겠지만, 적어도 아이들 앞에 서는 것이 부끄럽지 않을 만큼 나름의 최선을 다하고 있다. 그러기 위해서는 내 개인 생활의 일부를 포기해야 할 때도 많다. 조금만 힘을 빼도 편해질 텐데 그게 참 안 된다. 10년쯤 지나면 수업을 준비하는 일도, 아이들과 호흡하며 실제 수업을 하는 일도 수월해질 줄 알았건만, 아직도 수업은 어렵기만 하다.

오히려 첫 발령을 받은 해에는 수업에 자신이 있었다. 교사가 되기 전, 꽤 오랫동안 과외와 학원 강사 아르바이트를 한 경험 덕분이었다. 처음 과외를 시작한 건 들이는 시간이나 노력에 비해 벌이가 좋은 아르바이트였기 때문이다. 수능 성적이 괜찮았고 그 지방에서는 꽤 이름 있는 국립대에 다니는 학생이었으므로 알음알음 과외 자리 주선이 많이 들어왔다. 중학생의 내신 수업, 고등학생들의 입시 수업, 초등학생 논술 수업까지, 시간과 여건이 허락하는 선에서 꽤 많은 수업을 했다. 단순히 벌이가 좋아서 시작한 아르바이트였지만 하면 할수록 아이들과 호흡하며 수업을 진행하는 일에 흥미가 생겼다. 성적이 올랐다며 기뻐하는 아이들을 볼 때면 내 성적이 오른 것처럼 보람을 느끼기도 했다.

임용 시험을 치르기 직전까지 과외와 학원 아르바이트를 쉬지 않았으므로 합격 이후에도 수업에 대해서만큼은 큰 두려움이 없었다. 과외나 학원에 비해 교실에 앉아 있는 아이들의 수는 많겠지만 이미 나는 많은 문학 작품을 알고 있었고 문법적 지식은 가볍게 툭 치면 나올 만큼 머릿속에 일목요연하게 정리되어 있었으니까. 이제껏 가르쳐온 대로 하면 되는 거라고 혼자 자신했다. 심지어 과외나 학원처럼 한 아이의 성적을 올려줘야 한다는 부담감도 없고 잘릴 걱정도 없으니 오히려 더 편하게 수업을 할 수 있겠다는 어처구니없는 생각도 했다.

* * *

실제 수업은 예상을 크게 빗나갔다. 각자의 필요에 의해 돈을 지불하고 배움을 구하던 과외 학생들과 그저 학교에 와야 해서 오는 아이들의 수업 태도는 현저히 달랐다. 교실에는 다른 상황에 처한, 다른 욕구를 가진, 다른 서사를 품은 아이들이 서른 명씩이나 있었다. 그중 국어 과목을 좋아하거나 잘하는 몇을 제외하고는 대부분 수업에 별다른 관심이 없었다. 내게는 너무나 흥미로운 작품의 뒷이야기에도 하품을 해댔고, 야심차게 준비한 활동에도 시큰둥했다. 아이들은 오직 그 학교에서 유일하게 이십 대 여교사였던 나의 사적 이야기에만 관심을 기울였다.

매일 새로운 활동지를 만들고 지루한 이야기를 조금이라

도 지루하지 않게 전달하려고 여러 자료를 찾는 일은 쉽지 않았다. 금방 피로해졌다. 아이들이 좋아하는 이야기는 명백한데 쓸데없는 일에 에너지를 너무 쏟는 것 같았다. 그러던 어느 순간부터 나는 아이들에게 내 이야기를 하기 시작했다. 묻지도 않은 첫사랑 이야기를 꺼내고 학창 시절 좋아한 선생님들 이야기도 했다. 생전 관심이라고는 주지 않던 아이들에게서 열띤 질문 세례가 쏟아졌다. 아이들의 반응에 흥분한 나는 조금의 과장을 섞고 극적인 연출까지 더해가며 더 신나게 떠들었다. 마침내 누구도 졸지 않고, 누구도 고개 숙이지 않으며, 모두가 눈을 반짝이는 한 시간의 수업을 해냈다.

"선생님 좋아요!"

"선생님 수업 재밌어요!"

복도에서 만난 아이들은 나를 점차 환대하기 시작했고, 내 수업도 덩달아 환대받았다. 처음에는 마냥 좋았다. 인기몰이를 하는 기분이 나쁠 리 없었다. 그러나 시간이 지날수록 아이들은 나의 사적 영역을 무람없이 넘기 시작했다. 국어라는 교과에 대한 지식보다 나라는 사람에게 더 집중하는 게 훤히 보였다.

더는 마냥 기뻐할 수 없었다. 도리어 두려움이 몰려왔다. 매시간 아이들이 즐거워하는 수업을 마치고 교실 밖으로 나오면서도 헛헛한 마음을 감출 길이 없었다. 내가 한 것이 수업이었는지 수다였는지, 아이들이 이번 수업에서 무엇을 배웠고 기억할지 알 수 없었다.

사교육을 거의 받지 않던 우리 학교 아이들의 특성상, 국어라는 교과와 만나는 기회는 학교 수업이 유일했다. 아이들은 나와 매일 한 시간씩 수업을 했지만 나의 개인사만 기억할 뿐 수업 시간에 다룬 작품도, 문법 지식도 잘 떠올리지 못했다. 그렇게 수업 시간 내내 반짝이는 눈빛을 보내던 아이들의 시험 성적은 처참했다.

* * *

그제야 주변 선생님들이 눈에 들어왔다. 내가 근무했던 학교에는 승진에 필요한 가산점이 있었다. 교사에게 승진은 교감이 되는 것을 의미하므로, 아무래도 연차가 꽤 높은 사십 대 후반에서 오십 대 초반 선생님들이 많았다. 그 선생님들 대부분이 수업을 허투루 하지 않았다. 수업 준비에도 열의가 넘쳤다.

그런 분위기 덕분이었는지 삼사십 대의 비교적 젊은 선생님들도 수업 준비를 열심히 했다. 수업 이해도를 높이려 매시간 활동지를 만드는 선생님, 수업에 활력을 더할 수업 교구를 직접 제작하는 선생님, 어려운 내용을 쉽게 전달하기 위해 수업 내용을 보드게임으로 설계하는 선생님, 한 명이라도 더 수업에 참여하게 하려고 각종 피드백 방식을 동원하는 선생님, 수업 발표 대회(매년 특색 있는 수업을 발굴하기 위해 각 시도교육청에서 실시하는 수업 대회)에 참가하기 위해 특별한 수업을 구상하고 실천하는 선생님. 모두 나와는 다른 수업을 하고 있었다.

그중에서도 또렷하게 기억나는 선생님이 한 분 있다. 교무실 맞은편 자리에 앉은 과학과 S 선생님이었다. 삼십 대 중반의 여자 선생님으로, 한눈에 보아도 에너지가 넘치는 분이었다. 내가 학창 시절 들은 과학 수업은 교과서에 나오는 지식을 열심히 암기하는 것에 불과했는데, S 선생님의 수업은 전혀 달랐다. 과학 교과서에 나오는 대부분의 실험을 실제로 하는 것 같았다. 늘 과학실과 교실, 교무실을 종횡무진 누비며 실험도구를 챙기고 실습을 준비하느라 분주한 모습이었다.

그러면서도 힘들다고 내색하기는커녕 오히려 주변 사람들에게까지 긍정적인 기운을 불어넣어주었다. S 선생님이 교무실에 있으면 없던 활기가 돌 정도였다. 당시 S 선생님은 이미 한 아이의 엄마이기도 했는데, 어떻게 그렇게 많은 에너지를 학교에 쏟아부었는지 지금 생각하면 더욱 놀랍기만 하다. 평소 말씀도 재치 있고 재밌게 하셨으니 나처럼 수다를 떠는 수업만 했더라도 아이들의 호응이 대단했을 것이다. 그런데 S 선생님은 한 번도 그런 모습을 보이지 않았다. 한 시간의 실험을 위해 몇 주 전부터 물품을 구입하고 수업 전에 미리 실험을 해본 뒤 오류를 바로잡는 등 수업에 엄청난 열정을 보였다.

부끄러웠다. 겨우 1년 차였던 내가 수업을 너무 쉽게 생각했음을 인정하지 않을 수 없었다. 그즈음부터 나는 정신을 가다듬고 주변 선생님들을 따라 수업 관련 연수를 다니기 시작했다. 온라인 연수도 많이 들었지만 오프라인 연수는 웬만해서는 빠지지 않으려고 노력했다. 특히 수업에서 활용할 수 있는 각종 활동을 실습해보는 연수나, 선배 교사의 수업 사례를 공유하고 발표하는 연수에는 주말이나 방학

기간에도 무조건 참여하려 노력했다. 물론 연수에서 접한 방법이 모두 내 것이 되지는 않았다. 사실 다른 선생님들이 공유해주는 사례 가운데 내가 그대로 활용할 수 있는 것은 거의 없었다. 일단 대상이 달랐고 학교의 분위기가 달랐으니까. 다만 수업을 위해 애쓰는 교사들이 그렇게나 많다는 사실, 10년 차 혹은 20년 차를 훌쩍 넘긴 경력 교사들이 한 시간의 수업을 위해 무척이나 노력하고 있다는 사실을 알게 된 것만으로도 큰 의미가 있었다.

수업이 무엇이고 수업에서 교사는 어떤 사람이어야 하는지 고민하기 시작한 것만으로도 이미 내 수업은 달라지고 있었다.

수업에 마음을 쏟는 일

교사가 되기 전까지만 해도 교사에게 가장 중요한 것은 당연히 수업이라고 생각했다. 교사는 곧 가르치는 사람이니까. 가르치는 것 말고 다른 일이 있다는 생각을 못 했다는 표현이 더 적절할 것이다. 그만큼 교사에게 수업은 절대적인 일이라고 믿었다.

교사가 되고 보니 수업은 교사의 여러 업무 중 하나에 불과했다. 우선 처리해야 할 행정적인 업무가 상당했다. 학사 일정을 짜고 운영하는 업무, 각종 평가 관련 업무, 학교의 물리적 환경 정비 업무, 여러 행사를 기획하고 실행하는 업무, 학부모 관련 사업 전담 업무, 학교 특색 사업 관련 업무, 방과후 수업 계획 및 실행 업무, 학생 생활 지도 업무 등 일일이 나열하기도 어려울 만큼 많은 업무가 있었다. 큰 덩어리로 이야기해서 이 정도지, 사소하게는 학생들이 쓰는 물품 하나를 사는 것도 여러 단계의 절차를 거쳐야 하는 복잡한 업무였다. 교사들 사이에는 웃지 못할 우스갯소리로 '수업 가서 쉰다'라는 말이 있을 정도이니!

행정 업무만 있다면 괜찮았을지도 모르겠다. 교사에게는 학생 지도라는 중대한 일이 또 있었다. 대부분의 교사는 행정 업무와 담임을 겸하기에 업무 처리와 학생 지도는 교사에게 필수였다. 만약 학교에서 매우 과중한 업무를 맡아 담임을 겸하지 않더라도, 매시간 수업에서 아이들을 만나는 이상 학생 지도는 피할 수 없는 일이었다. 학생 지도에는 행정 업무와 차원이 다른 어려움이 있었다. 내 딴에 아무리 잘하려고 애써도 아이들과 합이 맞지 않으면 애당초 잘할 수가 없었다. 그나마도 합이 잘 맞으면 좀 나았지만 그렇다고 해서 학생 지도가 수월하지는 않았다. 아이들의 마음을 살피고 생활을 돌보는 데는 엄청난 에너지가 필요했다.

행정 업무와 학생 지도에 에너지를 빼앗기다 보면 자연스럽게 수업에 가장 적은 에너지를 쏟게 되어 있었다. 수업은 교사에게 가장 일상적인 일이기 때문이다. 학교 업무 중 유일하게 예측 가능한 일(무슨 요일 몇 교시에는 어떤 반 수업을 한다는 게 정해져 있으니)이라 오히려 덜 중요하게 느껴졌다. 급하게 처리해야 하는 업무나 발생 즉시 해결해야 하는 학생 지도와 달리, 수업은 오늘 좀 덜 해도 보충할 기회가 충분하니까.

내가 근무한 첫 학교는 업무가 과다하고 학생 지도가 꽤 힘든 학교였는데도 전반적인 분위기가 수업에 열의를 다하는 분위기였다. 수업발표대회에서 이미 수상한 선생님도 많았고, 해마다 대회에 도전하는 선생님도 한두 분은 꼭 있었다. 여러 연수를 쫓아다니며 수업에 마음을 쏟는 나에게도 수업발표대회에 나가보라는 주변 선생님들의 권유가 이어졌다. 이미 대회를 경험한 선생님들은 자기가 만들었던 자료를 통째로 주면서까지 꼭 나가보라고, 좋은 경험이 될 거라는 조언을 아끼지 않았다. 응원과 지지는 감사했지만 자신이 없었다. 하루살이처럼 밤마다 다음 날 있을 수업 준비에 골머리를 앓으며 일상의 수업도 겨우 해내던 내가 특색 있는 수업을 구상한다는 것은 어불성설로 느껴졌다. '조금 더 무르익으면 다시 기회가 오겠지'라고 생각하며 선생님들의 적극적인 제안을 조심스럽게 거절했다.

* * *

"어? 이번에 수업발표대회가 바뀌네? 서진 샘, 공문 한번 확인해봐요."

예년보다 조금 늦게 발송된 수업발표대회 공문을 보던 선생님 한 분이 나를 부르더니 이거면 내가 더 잘할 수 있지 않겠냐며 대회 시행 공문을 읽어보라고 권했다. 선생님이 건네준 공문에는 기존에 시행하던 특색 있는 수업발표대회는 그대로 진행하되, 다른 갈래로 '행복한 수업 실천 사례 공모전'을 새롭게 진행한다고 쓰여 있었다. 일상적 수업에서 지속적으로 학생과 교사 모두가 행복한 수업을 이루어내는 사례를 발굴한다는 취지였다. 특별한 사례를 발굴하는 게 아니라 일상의 수업 기록이 핵심이라니, 갑자기 가슴이 뛰었다. 특별한 한 차시의 수업이 아니라 1년간의 수업을 잘 기록하는 것이라면 해볼 만하다 싶었다. 물론 계획서도 제출해야 하고 연말이면 오십 쪽에 달하는 보고서도 제출해야 하는 데다, 새로운 대회였기에 참고할 자료도 하나 없었지만 이미 뛰기 시작한 가슴을 억누를 길은 없었다.

공모전 참여 주제로 '배움과 협동으로 함께 성장하는 행복한 국어 수업'을 정했다. 내가 가르치는 것만큼 아이들이 배우지 못하는 건, 그때까지의 내 수업이 아이들 스스로 배울 수 있는 수업이 아니었기 때문이라는 뼈아픈 깨달음을 얻은 뒤였다. 아이들에게서 배움의 욕구가 피어나 친구들과 함께 과제를 해결하며 실질적인 배움을 얻고, 끝내는 성장에 이르는 수업을 하고 싶었다. 어찌 보면 너무 거창했지만 그런 수업을 해보고 싶다는 마음이 작은 변화라도 이끌어내기를 기대하는 마음으로 주제를 정했다.

계획서를 제출하고 1년 동안 정말 수업에 푹 빠져 살았다. 연말에 보고서를 제출해야 한다는 부담이 없지는 않았지만 그것 때문에 억지 수업을 하는 일은 없었다. 처음으로 수업 연간 계획을 정하고 단원 계획, 차시 계획을 차례로 세워보며 수업의 큰 틀을 짜는 경험을 했다. 그 과정에서 한 차시의 수업은 독립적이지 않으며 단원 목표, 학년 목표, 교과 목표와 서로 긴밀하게 연결되어 있다는 것을 확실히 깨달았다. 임용 시험을 준비하며 피상적으로 암기하기 바빴던 교과 목표가 한 차시 수업에서 어떻게 구현되어야 하는지 실제로 고민하기 시작했다는 것만으로도 내게는 엄청난 성장이었다.

매일 다음 날의 수업을 준비하는 부담은 덜어지지 않았지만 수업 준비가 즐거워진 것은 큰 변화였다. 수업 목표에 도달하기 위해 여러 활동을 시도하면서 아이들의 변화를 피부로 느낄 수 있었다. 아이들은 더 이상 나를 젊은 선생님이라는 이유만으로 좋아하지 않았다. 알게 모르게 아이들 사이에서 '국어 수업 시간은 지루하지 않다' 혹은 '수업이 힘들지만 재밌다'라는 생각이 공유되고 있었다.

※ ※ ※

"우리 다음 시간부터 '나만의 시 감상집' 만들기 수업을 할 거야."

학교 도서관에서 중학생들이 읽고 공감할 만한 내용을 다룬 시집들을 골라 북카트 가득 싣고 수업에 들어갔다. 시를 한 번도 제대로 읽어본 적 없는 아이들, 교과서에 나오는 시도 겨우 제목만 아는 아이들과 '나만의 시 감상집' 만들기 수업이라니! 아이들은 무슨 소리인가 싶어 의아한 눈빛을 보냈다. 이제부터 일주일에 한 시간은 각자 시집을 골라 읽고 가장 인상 깊은 시를 선택해 스케치북에 옮겨 쓸 것이라고 안내했다. 시의 내용이나 분위기에 맞는 시화도 직접 그리고, 뒷면에서는 시를 읽고 드는 생각이나 느낌을 자기만의 언어로 써보는 것까지 하겠다고 안내했을 때 아이들의 표정은 의아함에서 울상으로 변해 있었다.

그렇게 울며 겨자 먹기로 시작한 수업이었지만, 4주 차쯤 되자 아이들의 분위기가 달라지는 게 느껴졌다.

"샘, 그런데 시를 자꾸 읽다 보니 재밌네요?"

"와, 이 시는 진짜 제 이야긴데요?"

"진짜 솔직하게 감상 써도 돼요?"

아이들의 반응에 흥분하며 "맞아, 시는 어렵기도 하지만 자꾸 읽다 보면 재밌다니까!" "그럼, 그럼. 감상에는 정답이 없지!" 하고 맞장구를 치다 보면 한 시간이 훌쩍 지나 있었다. 매시간 아이들이 제출한 스케치북(시 감상집)을 북카트 아래에 가득 실어 와 읽다 보면 시간 가는 줄 몰랐다. 아이들이 이런 경험을 했구나, 아이들은 이런 생각을 하는구나, 아이들에게 이런 아픔이 있었구나, 저절로 알게 되었다.

이 수업에서 아이들의 숨은 사연을 알게 된 것은 계획 단계에서 예상하지 못했던 또 다른 성과였다. 평소 말수가 적어 속내를 전혀 알 수 없던 아이는 어린 시절 부모님의 잦은 다툼으로 두려웠던 내면을 드러내 보였다. 늘 명랑하고 씩씩한 모습이던 아이는 의외로 꿈을 찾지 못해 느끼는 불안을 고스란히 표현했다. 아버지의 투병 생활로 가족들이 뿔뿔이 흩어져 사는 사연을 털어놓은 아이도 있었고, 부모님과의 갈등이 깊어 집에서는 대화할 상대가 없어 외롭다는 아이도 있었다. 짝사랑하는 친구 이야기나 이성 친구와의 이별 이야기를 쓴 아이도 있었다.

아이들이 털어놓는 사연에는 즐겁고 행복한 이야기보다 아프고 쓰린 이야기가 많았다. 처음부터 그랬던 것은 아니다. 처음 몇 번은 피상적인 감상만 쓰던 아이들이 수업 차시가 거듭될수록 진지한 이야기를 쓰기 시작했다. 시를 통해 내면의 정서가 깊이 자극된 탓도 있겠지만 그만큼 나와 아이들 사이의 신뢰가 깊어진 덕도 있었을 것이다. 아이들의 진실한 감상을 읽으며 나는 열심히 코멘트를 썼다. 매주 전교생의 글에 코멘트를 쓰는 일은 쉽지 않았지만 이런 수업을 할 수 있어서 기쁜 마음이 훨씬 더 컸다.

연말이 되어 보고서를 작성하며 1년 동안의 수업 자료를 갈무리했다. 틈틈이 찍어둔 수업 영상을 분석하고 수업 장면을 찍어둔 사진도 찾아 넣었다. 소설을 함께 읽고 소설 속 인물들과 유사한 현실 인물을 찾아보는 활동, 시를 읽고 감상을 공유하고 시화나 글로 표현하는 활동, 주장하는 글을 읽고 그와 관련된 실천사례를 영상으로 제작해보는 활동 등 다채로운 활동 사진과 영상 속에는 치열하게 고민하고 마음껏 즐거워하는 아이들의 표정이 살아 있었다. 멀지 않은 자리에서 아이들을 바라보는 뿌듯한 내 표정도.

불현듯 1년 동안 수업에 몰두하며 얻은 것이 비단 수업 설계나 수업 활동 개발에 필요한 기술만은 아니라는 생각이 들었다. 그보다 수업을 매개로 아이들과 좋은 관계를 맺는 일의 중요성을 깨달은 것이 더욱 귀하게 다가왔다. 이전에도 아이들과 꽤 좋은 관계를 맺고 있다고 생각했지만 그때는 수업이 매개가 아니었다. 나를 좋아해주는 마음과 내 수업에 몰두하는 마음은 전혀 다른 차원의 일이었다. 1년 동안 수업에 마음을 쏟는 과정에서 아이들은 본격적으로 수업을 매개로 나와 관계를 맺기 시작했다. 나 역시 수업 장면에서 아이들과 좋은 관계를 유지하기 위해 애썼다.

해가 바뀔 때쯤 아이들에게 설문지를 나눠주고 국어 수업이 흥미 있는 이유를 적어보게 했는데, '다양한 활동을 해서 지루하지 않다'와 '스스로 할 수 있는 부분이 많아서 흥미가 높아졌다'라는 의견이 많았다. 내가 노력하는 만큼 아이들이 알아주고, 아이들이 즐거워하는 만큼 나는 더 열심히 준비하는, 긍정적인 상호작용이 활발히 일어난 한 해였다. 교사와 학생이 수업에서 만나 수업으로 관계 맺고 신뢰를 쌓는 일. 그 중요성을 깨달은 것은 이후 교직 생활 전반에 아주 큰 영향을 미쳤다.

이 경험 덕분에 14년 차가 된 지금도 교사에게 가장 중요한 일은 여전히 수업이라고 믿고 있다. 수업에 마음을 쏟는 것은 아이들에게 마음을 쏟는 것과 같은 맥락이다. 반대로 말하면 아이들에게 마음을 쏟는 것은 결국 수업에 마음을 쏟는 일이기도 하다. 지금도 수업이 잘 흘러가지 않을 때면 아이들의 마음에서 어떤 것을 놓쳤나 먼저 살펴본다. 나의 열의가 혼자만의 욕심은 아닌가 반성한다. 이따금 아이들과의 관계가 삐걱거릴 때면 내가 수업을 허투루 하고 있지는 않은가 돌아본다. 매일 들이닥치는 수업을 매번 열심히 준비한다는 건 여간 어려운 노릇이 아니다. 그럼에도 나는 소중한 이와의 귀한 만남을 준비하는 마음으로 매 수업에 최선을 다하려 한다. 수업에서 만나는 아이들의 눈빛과 당당히 마주하기 위해.

다정한 마음을 받아
다정한 마음을 내다

신규 발령 첫해의 3월을 생각하면 아직도 가슴이 뛴다. 설렘보다는 두려움이 컸던 처음의 순간. 불과 얼마 전까지 임용 시험을 준비하던 학생에서 갑작스럽게 아이들 앞에 서야 하는 교사가 되었으니. 사수가 있어서 업무를 알려주는 일반 직장과 달리, 교사는 임용 시험에 합격하는 순간 바로 베테랑 교사와 똑같은 업무를 수행해야 했다. 3월 2일 첫 출근과 동시에 새로운 업무를 맡아야 했고 새로운 아이들의 담임이 되어야 했으며 새로운 수업을 해야 했다. 그때는 당연히 그래야 한다고 생각해서 우두망찰할 겨를도 없었지만 지금 생각해보면 말도 안 되는 일이었다. 어쨌든 간에 첫 출근과 동시에 담임, 업무, 수업을 동시다발적으로 해내야 하는 것이 현실이었다. 10년 차가 훌쩍 넘은 요즘도 3월은 혼이 쏙 빠지는 달이니 신규 첫해의 3월은 말할 것도 없었다.

1학년 3반의 담임 교사, 1학년 전 반의 국어 수업 전담 교사, 환경기획 업무 담당 교사. 세 가지 타이틀이 첫해 나를 수식하는 말이었다. 첫 담임으로 만난 아이들은 그저 예뻤지만 학급을 안정적으로 잘 꾸려가는 일은 전혀 다른 차원이었다. 갓 임용을 치렀기에 국어 교과 내용에 대해서는 모르는 게 없다고 자신했지만 내가 아는 것을 아이들에게 잘 가르치는 것 역시 완전히 다른 문제였다. 업무 면에서는 정말 할 말이 없었다. 하나부터 열까지 담당 부장님께 묻고 옆자리 선생님께 도움을 구해야만 겨우 해내는 흉내라도 낼 수 있었다.

아직 교사라는 호칭에도 익숙하지 않던 때에 세 가지 역할을 모두 잘해내기를 기대하는 사람은 단 한 사람뿐이었다. 바로 나 자신이었다. 주변의 선배 교사들은 나의 실수를 너그럽게 받아주었지만, 나는 나의 실수를 인정하기 어려웠다. 처음이니 모르는 게 당연하고 실수하는 게 당연한데 작은 일 하나조차 일일이 물어가며 해야 한다는 사실이 자주 부끄럽고 민망했다. 아이들 앞에서도 당당하기보다는 이유 없이 위축되었고, 그 모습을 들키지 않으려 괜히 큰소리만 치고는 후회하는 일이 잦았다. 언제쯤 나도 내 일을 제대로 해내는 1인분의 교사가 될 수 있을까. 퇴근길이면 하루를 곱씹으며 자책하고, 그러다 보면 나라는 사람이 한없이 작게 느껴지는 날들이 이어졌다.

＊　＊　＊

"선생님, 혹시 고향이 부산이에요? 말투가 여기 사람이 아닌데……."

"아, 맞아요. 같은 경상도인데도 티가 나나 봅니다."

"정말요? 나도 부산에서 왔어요!"

3월이 절반쯤 흘러 나를 제외한 주변 선생님들은 조금씩 일상의 안정을 찾아가던 때였다. 옆 반 담임 선생님이자 엄마뻘 되는 연배의 K 선생님이 고향을 물었다. 혈연, 학연, 지연과 관련된 질문은 구시대적인 것이라고 생각했는데 막상

타지에서 고향이 같은 분을 만나니 괜히 반가운 마음이 들었다. 이야기를 나누다 보니 나와 같은 대학을 졸업했을 뿐만 아니라 우리 엄마와 나이가 같았고 선생님의 아드님마저 나와 동갑이었다. 몇 가지 사적 공통점 덕분에 K 선생님과 심리적 거리가 확 줄어든 기분이 들었다. 그건 K 선생님도 마찬가지인 듯했다.

심리적 거리가 가까워져서인지 업무 처리 도중 모르는 것을 묻는 마음이 조금은 수월해졌다. 교직 경력이 오랜 분이셨기에 학생 지도 면에서도 보고 배울 점이 많았다. 그중에서도 가장 인상적이었던 것은 K 선생님이 수업 준비를 하는 모습이었다. 선생님은 일과 중 틈만 나면 고개를 한껏 숙인 채로 색색의 색종이 몇 장을 요리조리 연결해서 뭔가를 만들고 있었다.

"선생님, 뭐 만드시는 거예요?"

"아, 이거. 아이들이 도형 단원을 정말 어려워하거든요. 공간 감각이 부족한 애들은 특히나. 그래서 이렇게 실물을 직접 만들어보게 하면서 수업을 하면 훨씬 나아요."

"와, 애들이 수학 수업 재미있어하겠어요!"

"이렇게 해도 수학을 좋아하지는 않아요. 그래도 나는 나대로 노력하는 거죠."

선생님께 들은 답은 내게 깊은 인상을 남겼다. 당시 나는 신규 교사이자 그 학교에서 유일한 이십 대 교사였다. 어떤 수업을 하더라도 아이들은 나에게 호의적이었기에 수업 준비에 소홀한 측면이 있었다. 고백하자면 업무나 학급 관리를 제대로 해내기도 벅차서 오히려 수업에 가장 적은 에너지를 쏟았다. 아이들이 미혼의 여교사를 좋아해주던 마음을 내 수업을 좋아하는 마음으로 착각했다.

한데 K 선생님은 이미 교직 경력 20년을 훌쩍 넘기고도 계속 노력하고 계셨다. 매일의 수업을 위해, 아이들이 수학 교과를 좋아하지 않는다는 것을 알면서도 본인의 수업에 당당하기 위해 노력을 멈추지 않으셨다. 그 모습은 신선한 충격이었다. 신규의 눈에 20년 차 교사는 베테랑 중의 베테랑이었다. 그 연차쯤이면 교과서 하나만 들고 들어가도 최선의 수업을 할 수 있을 것이라고 생각했다. 아이들을 사로잡는 비법 한두 개쯤은 있고 큰 노력을 기울이지 않아도 학교생활 전반이 수월한 경지 말이다.

그러고 보니 교사에게는 매년이 새로운 해였다. 물론 신규와는 다른 느낌의 새로움이겠지만 교사는 매년 새로운 아이들을 만나고 매번 새로운 수업을 준비해야 한다는 것을 눈으로 보고 배웠다. K 선생님은 도형 단원이 끝난 뒤에도 계속해서 새로운 학습지를 만들었다. 초등학교에서 마치고 왔어야 하는 기초적인 부분이 잘 안되는 아이들을 방과 후 교실에 남겨 나머지 공부를 시켰다. 선생님의 열정을 불편해하는 아이들도 많았다. 아이들 입장에서는 대충 수월하게 넘어가는 선생님이 편할 테니까. 그래도 선생님은 아이들과 타협하지 않았다. 안 되는 건 절대 안 되는 거였고 가외의 시간을 할애해서라도 아이들이 해야 할 몫은 하게끔 하셨다.

"저도 선생님 연차쯤 되었을 때 선생님처럼 할 수 있을까요? 못 할 것 같아요."

"아이고, 선생님은 더 잘하고도 남지요. 지금 하는 것처럼만 하면 돼요. 나는 오히려 샘만큼 어리고 젊었을 땐 교직이 좋은 줄도 몰랐어요. 그땐 정말 아무것도 몰랐어요."

선생님의 말에 어쩐지 용기가 피어올랐다. 부족한 것투성이인 신규 교사지만 나에게는 시간이 있고 계속해서 노력하며 나아갈 기회가 있다는 생각에 조급함도 조금씩 수그러들었다.

＊ ＊ ＊

우리가 함께 근무했던 1년 동안 K 선생님은 나의 비공식 사수이자 대구 엄마를 자청하셨다. 미숙한 업무 처리를 대신 수습해주신 날도 있었고 나에게 함부로 굴던 학생들을 불러 따끔하게 혼을 내주신 날도 있었다. 당시 혼자 원룸 생활을 하던 나를 위해 식사 대용으로 좋다며 간편식을 선물해주기도, 가끔은 선생님 집으로 초대해 맛있는 식사를 준비해주기도 하셨다. 진짜 엄마처럼 맥주잔을 기울이며 연애 상담을 해주시는 날도 있었다. 지금 생각해도 어떻게 그런 마음을 내어주셨을까 싶다.

선생님은 모르셨겠지만 하루하루가 버겁던 신규 시절, 선생님의 마음에 기대어 출근과 퇴근을 이어가던 날들이 있었다. K 선생님은 임고생(임용 시험을 준비하는 학생의 줄임말)에서 하루아침에 교사가 되어 현장에 내던져진 나를 진짜 교사로 일어설 수 있도록 도와주신 분이자, 타향살이의 외로움을 어루만져주신 분이었다. 지극히 현실적인 이유로 교직을 선택했던 나는 첫해에 만났던 K 선생님 덕분에 교직 사회가 참 따스하고 사람 냄새 나는 곳이라고 생각했다.

해를 거듭할수록 교사라는 직업은 자칫하면 외로움의 터널에 갇히기 쉬운 직업임을 실감한다. 4년마다 근무지를 옮겨야 하는 데다 매년 바뀌는 근무환경에 새로운 아이들까지. 적응할 만하면 새로운 환경에 내던져진다. 그뿐일까. 교사는 학생들 앞에서 대체로 혼자일 때가 많다. 수업에서도, 담임으로서도. 엄청난 책임감이 따르는 일이다. 그 책임감을 혼자 짊어지려 하다 보면 외롭다 못해 두려워지는 순간들이 잦다. 그런 순간이 들이닥칠 때마다 나는 K 선생님을 떠올린다. K 선생님이 내어주신 마음을 곱씹으며 내 안의 불안을 잠재운다. K 선생님의 다정한 마음에 기대어, 교사로서 이만큼 자란 나를 다독이며 생각한다. 나는 혼자가 아니라고. 그 마음으로 주변을 돌아보는 마음도 내어본다. 이제는 나의 다정으로 누군가의 출퇴근길이 조금은 덜 두렵고 외롭기를 바라며.

나의 달과 6펜스

나는 그림을 그려야 한다지 않소. 그리지 않고서는 못 배기겠단 말이오. 물에 빠진 사람에게 헤엄을 잘 치고 못 치고가 문제겠소? 우선 헤어나오는 게 중요하지. 그렇지 않으면 빠져 죽어요.

―서머싯 몸,《달과 6펜스》 중에서

소설《달과 6펜스》속 주인공 스트릭랜드는 그림을 그려야 한다는 말만 남긴 채, 안락한 현실을 버리고 이상을 좇는 삶을 선택한다. 그에게 그림을 그리지 않는 삶은 죽은 삶이

나 마찬가지다. 그림을 그리는 일은 그에게 사명을 넘어 소명에 가깝다. 소설 제목에 등장하는 '달'과 '6펜스'는 각각 이상적 가치와 현실적 가치를 상징하는 것으로 풀이되는데, 그런 의미에서 보자면 스트릭랜드에게 '6펜스'는 아무 의미가 없다. 오직 '달'만이 그를 움직이게 한다.

이상과 현실, 이 두 단어를 곱씹으며 나는 왜 교사가 되었을까 생각해본다. 학창 시절, 교직에 대단한 열망이나 선망이 있던 학생이긴커녕 특출난 모범생도 아니었던 나는 오직 생활의 안정이라는 단순한 목적을 이루기 위해 교사의 길을 선택했다. 지극히 현실적인 이유였다.

고3이 되면서 처음으로 진학에 대해 진지하게 고민했다. 고1부터 구체적인 진학 로드맵을 그리는 요즘과 달리, 내가 고등학교에 다니던 때에는 고3이 되어서야 구체적인 진학 목표를 설정하는 것이 일반적이었다. 3년간의 내신 성적보다 고3 말에 치러지는 수능 성적이 훨씬 더 중요했다. 고3 첫 모의고사를 칠 때까지만 하더라도 구체적인 진학 목표가 없었다. '공부야 하면 되지'라는 막연한 생각만으로 학창 시절을 보내던 나에게 고3 첫 모의고사 성적은 이대로라면 국립대 입학은 불가능하다는 현실을 직시하게 해주었다.

희망 전공에 진학 불가능한 것도 아니고 국립대 진학이 불가능하다는 사실에 적잖은 충격을 받은 건 당시 집안 사정과 무관하지 않았다. 한부모가정이자 기초생활수급자였던 우리 집 형편상 학기당 수백만 원이 드는 사립대 등록금을 감당하기란 불가능했다. '대학에 진학해서 무엇을 배울까'보다 '대학 등록금을 감당할 수 있을까'라는 현실적이고 실질적인 고민에 맞닥뜨렸다. 형편이 그러한데 고2 때까지 큰 고민 없이 학교생활을 했다는 것에 뒤늦은 자책을 했다. 경제적 사정은 어려웠어도 정서적으로는 늘 풍요로웠던 집안 분위기 덕분에 고2 때까지도 나는 근거 없는 자신감으로 충만한 날들을 보냈다.

뒤늦게 공부를 시작했다. 불행인지 다행인지, 가깝게 지내던 친구들과 사이가 틀어지면서 공부에 더욱 몰두하게 되었다. 정말 얼마나 치열하게 했었는지, 먹고 자는 시간까지 줄여가며 수능 공부에 매달리던 그때의 내 모습이 아직도 생생하게 기억난다. 사립대 진학은 꿈도 꿀 수 없고 재수再修도 불가능했으니, 그해 입시에 실패하면 대학 진학을 접어야 할 수도 있었다. 별안간 절벽 앞에 내던져진 기분이었다. 한 발 물러설 곳도 없는 상황에서 내가 할 수 있는 것은 공부

뿐이었다.

스무 살이 되면 당연히 대학생이 될 거라고 막연하게 생각하던 열여덟 때와는 너무도 다른 열아홉 인생이 펼쳐졌다. 그때까지만 해도 엄마는 나를 그저 믿는다고만 했다. 별다른 물질적 지원을 해줄 수 없던 엄마에게도 뾰족한 선택지가 없었을 것이다. 엄마의 믿음은 때론 무겁고 때론 무서웠다. 그러나 이제 와 생각해보면 거꾸로 그것이 나를 일으키는 동력이 되기도 했다. 나를 향한 엄마의 믿음을 무덤덤하게 받아넘기려 노력하며, 할 수 있다는 자신감보다는 해야 한다는 책임감으로 버텼다. 돌이켜보면 열아홉 그 어린 나이에 어떻게 그런 생각을 하며 하루하루를 버텼는지 모르겠다. 그저 수능일이라는 벼랑이 점점 눈앞으로 다가오는 현실에서, 추락하지 않으려면 부단한 날갯짓을 하는 수밖에 없다고 생각했다.

* * *

노력에 운이 따랐는지 거짓말처럼 수능에서 국립대 입학이 가능한 성적을 받았다. 웬만한 전공에 모두 원서를 넣을 정도의 성적을 받고 보니 그제야 전공을 고민할 여유가 생겼다. 무엇을 더 배우면 좋을까 고민하던 때에 머릿속에 가장 먼저 떠오른 것이 '국어'였다. (대학 전공에 무지했기에 고등학교 때까지 배운 과목의 연장선에서 생각할 수밖에 없었다.)

학창 시절 내내 국어 과목을 좋아했다. 국어는 큰 노력을 기울이지 않아도 성적이 잘 나오는 유일한 과목이기도 했다. 유난히 국어 선생님을 담임 선생님으로 자주 만났던 영향도 있었다. 고3 담임 선생님도 국어 선생님이셨는데, 선생님이 단정한 목소리로 읽어주는 시 낭송이 좋았다. 평소의 선생님은 조금 매섭고 엄하셨지만 시를 읽어주실 때만큼은 어딘지 모르게 부드러워지는 느낌이 들었다. 그 편안한 느낌이 좋았다.

전공을 고민할 때 문득 떠오른 선생님의 시 수업 하나가 있었다. 이육사 님의 〈절정〉이라는 시를 배우던 시간이었다.

매운 계절의 채찍에 갈겨
마침내 북방으로 휩쓸려 오다.

하늘도 그만 지쳐 끝난 고원

서릿발 칼날진 그 위에 서다.

어디다 무릎을 꿇어야 하나
한 발 재겨 디딜 곳조차 없다.

이러매 눈 감아 생각해 볼밖에
겨울은 강철로 된 무지갠가 보다.

　　　　　　　　　　　　　　　　　　　—이육사, 〈절정〉

　선생님의 단정한 목소리와 이육사 님의 시는 참 잘 어울렸다. 시 낭송을 마친 선생님은 일제 강점기에 독립투사이기도 했던 시인의 생과 시적 상황을 연결하여 짧은 설명을 해주셨다. '하늘도 그만 지쳐' '서릿발 칼날진 그 위' '한 발 재겨 디딜 곳조차 없다' 등에 드러난 극한 상황을 일제 강점기의 현실이라고 메모하고 있는데, 선생님이 무심한 듯 한마디를 건네셨다.

　"너거도 지금 불안하제?"

　경상도 사투리로 툭 던진, 무뚝뚝한 선생님의 짧은 위로. 고3, 수능이 얼마 남지 않았던 우리는 진짜 불안했다. 특히 나는 그 자리가 벼랑 끝이라 여기던 때였으므로 선생님이 읽어주시는 시와 '불안하제?'라는 질문에 속수무책으로 마음이 무너졌다. 떨어지려는 눈물을 애써 감추며 선생님의 말씀을 들었다. 선생님이 시를 통해 건네주신 덤덤한 위로는 마음이 흔들릴 때마다 나를 잡아준 든든한 끈이 되었다.

전공을 정하려고 할 때 갑자기 왜 그 수업이 떠올랐는지 정확히 알 수는 없지만, 어쩌면 오래전부터 국어 과목은 나에게 특별한 과목이었는지도 모르겠다는 생각을 했다. 돌이켜보니 초등학교 때부터 나는 국어 시간을 가장 좋아하던 학생이었다. 초등학생 때는 특히 쓰는 일에 흥미가 많았다. 일기와 독후감 쓰기를 꾸준히 했고, 백일장 같은 교내 글쓰기 대회에도 꽤 적극적으로 참여했다. 외부 대회에 출전할 정도의 특별한 재능까진 없었지만 교내 대회에서는 종종 상을 받은 기억도 떠올랐다.

더는 전공에 대해 고민할 필요가 없었다. 국어국문학과에 진학하는 것으로 마음을 굳히고 담임 선생님을 찾아갔다. 한데 누구보다 좋아해주실 줄 알았던 담임 선생님은 먹고살 길이 없는 힘든 전공이라며, 나의 선택을 극구 말리셨다. 꼭 전공을 국어 쪽으로 하고 싶다면 입학 성적이 조금 더 낮은 대학의 국어교육과에 원서를 넣어보자고 하셨다. 목표한 대학의 국어교육과는 문과 계열 전공 중에 가장 진학 점수가 높았던 터라 위험 부담이 컸다. 그런 상황을 잘 알고 계셨던 선생님은 그나마 국어국문과보다는 비전이 있던 국어교육과 진학을 위해 목표 대학을 바꾸는 게 어떻겠냐는 제안을 하신 것이다. 선생님 말씀에는 틀린 소리가 하나도 없었지만 국어교육과에 가기 위해 목표 대학을 바꾼다면 고향집을 떠나 자취를 해야 했다. 그것 역시 경제적인 부담이었다. 교직에 대한 꿈이나 열망이 컸더라면 고민이라도 했겠지만, 집에 생각지도 못한 경제적 부담을 주면서까지 사범대에 진학하고 싶은 마음은 전혀 없었다. 그저 등록금이 저렴한 국립대에 입학하는 것으로 충분했다. 담임 선생님을 설득하고자 '국문과에 가서 좋은 성적을 얻어 교직 이수를 하겠다'라는 마음에도 없던 약속을 했다.

실제로 당시에는 사범대에 진학하지 못한 친구들이 비사범대에 진학하여 교직 이수를 하겠다는 꿈을 꾸기도 했다. 국립대 입학이라는 목표를 이룬 것에 달떠 있던, 겨우 열아홉의 나에게 대학 진학 이후의 비전까지 따져볼 혜안은 없었다. 그 나이답게, 그저 이제 대학생이 된다는 기꺼움과 이

왕이면 좋아하고 잘하는 공부를 하면 좋겠다는 단순한 열망만 가득했다. 결국 담임 선생님은 내 고집을 꺾지 못하셨고 엄마는 교직 이수를 하겠다는 내 약속에 희망을 거는 눈치였다.

결론적으로 나는 대학에서 교직 이수를 하지 못했다. 공식적으로 교사라는 선택지가 나의 미래에서 완벽히 사라진 것이다. 그래도 전공 공부는 기대 이상으로 흥미로웠다. 전공 공부를 하면서 처음으로 공부가 재미있을 수 있다는 걸 알게 되었다. 고등학교 때까지 배웠던 문학과 문법은 정말 피상적인 것이었다. 그저 교과서에 나오는 작품을 읽고 분석하고 평가하는 문학 수업이 아니라, 작품에 담긴 작가의 삶 이야기, 작품에 영향을 미친 문학 사조의 흐름, 당시 시대 상황과 작가들의 관계를 이해하는 수업은 무척 흥미로웠다. 단순 암기에 급급하던 문법 수업이 아니라, 원리를 이해하고 과거로 거슬러 올라가 문법 현상의 기원을 찾는 수업은 매 순간 공부의 카타르시스를 느끼게 했다.

전공 수업마다 제일 앞자리에 앉아서 교수님의 말을 모두 받아썼다. 특히 좋아했던 문학 수업에서는 교수님의 농담까지 모두 받아쓸 만큼 열혈 수강생이었다. 수업이 끝나면 무턱대고 받아쓴 강의 노트를 정리해 요점정리 노트까지 따로 만들었다. 대학 진학이라는 현실적인 목표로 치열하게 공부하던 고3 시절과 달리, 그저 공부 자체의 재미를 추구한다는 이상적인 목표 아래 치열하게 공부했다. 자연스럽게 전공 공부를 깊이 하는 대학원 진학을 꿈꿨다.

* * *

"교수님, 저 대학원에 진학하고 싶습니다."

본격적으로 취업을 준비해야 하는 4학년이 되었을 때, 지도 교수님을 찾아가 대뜸 대학원에 진학하고 싶다고 말씀드렸다. 당시에도 이미 국어국문학과는 비인기 학과였으므로 대학원에 진학하여 공부를 계속하려는 학부생이 많지 않았다. 마음속으로 은근히 교수님의 환대를 받을 거라는 기대를 했다. 하지만 지도 교수님은 즉답을 피하시더니 따뜻한 차 한 잔 마시자며 자리에서 일어나셨다. 그러고는 슬로비디오처럼 천천히 차를 우려 내 앞에 한 잔, 당신 앞에 한 잔 놓으시고는 어렵사리 말씀을 이으셨다.

"서진아, 대학원에 진학하면 앞으로 적어도 10년간은 일정한 벌이가 없을 거다. 그 이후도 장담할 수는 없고. 집에서 네 생계를 뒷받침해줄 형편이 되니?"

정곡을 찌르는 교수님의 질문에 잠시 할 말을 잃었다. 집안 형편이 어려워 국립대에 진학했던 내가 너무 큰 꿈을 꿨다는 걸 별안간 깨달았다. 경제적 뒷받침은 고사하고 내가 얼른 자리를 잡아 가정에 도움이 되어야 했는데, 너무 철없는 생각을 하고 있었다는 걸 인정할 수밖에 없었다. 식어가는 차를 앞에 두고 눈물을 뚝뚝 흘리는 나를, 교수님은 다 이해한다는 눈빛으로 한참을 바라보셨다. 나도 이미 알고 있는 시간 강사 선생님들의 예까지 들며 이대로 대학원에 진학하면 나도 별반 다르지 않을 수 있다는, 솔직하고도 뼈아픈 조언을 해주셨다.

"일반대학원 말고 교육대학원에 가보는 건 어떠니? 임용을 치르고 교사가 된 이후에 다시 일반대학원에 진학해 공부해도 늦지 않단다"라는 교수님의 말씀은 모두 옳았다. 이상과 현실은 너무 달랐고 이번에도 현실은 녹록지 않았다. 대학원 진학은 미래를 보장해주지 않는 선택지였다. 안정과 멀어지는 일이었다. 대학원 진학 이후에 무엇이 될지 누구도 장담할 수 없었다. 그때까지도 집안 형편은 전혀 달라지지 않았다. 그토록 원하던 국립대에 입학했지만 장학금을 받지 못하면 다음 학기 등록이 어려웠고 과외와 학원 아르바이트를 하지 않으면 교통비도 없던 때였다.

교수님의 제안대로 교육대학원을 졸업한다고 해서 무조건 교사가 되는 것은 아니었다. 그래도 일반대학원에 진학하는 것보다는 안정적인 삶에 가까워질 수 있었다. 그 사실을 알면서도 선뜻 마음이 일지 않았다. 한 번도 간절히 교사를 열망해본 적 없던 내가 갑작스럽게 교육대학원 진학을 결심하고, 2년 6개월의 과정을 마친 뒤 임용이라는 큰 시험까지 감당할 수 있을지 확신할 수 없었다.

지금 생각하자면 다행이지만 당시에는 꽤 불행하다 생각했다. 왜 나에게는 늘 선택지가 없는가. 어려운 집안 형편, 도무지 나아지지 않는 현실 같은 것들이 내게 주는 선택지는 늘 뻔했다. 안정적인 것, 경제적으로 부담이 덜한 것. 하나뿐인 선택지는 선택지가 아니었다. 당위였다.

끝내 교수님의 조언대로 교육대학원에 진학했고, 두 번의 임용 시험을 거쳐 교사가 되었다. 피나는 노력을 기울이긴 했지만 노력만으로는 불가능했을 일이었다. 교사를 열렬히 갈망하는 이들도 쉽지 않은 길을 오직 현실적인 이유로 선택했고 무사히 통과했으니, 하늘이 도왔다고밖에는 설명할 길이 없다. 임용 시험에서 합격 통보를 받던 날, 정말 많이 울었다. 교사가 되었다는 기쁨보다 이제 더는 하나의 선택지 앞에서 무기력하지 않을 수 있겠다는 안도감이 더 선명했다.

✷ ✷ ✷

다시 처음으로 돌아가, '나는 왜 교사가 되었을까'라는 질문과 마주 선다. 교사가 되기까지 무엇 하나 능동적인 선택지는 없었다. 우선 나에게는 '6펜스' 따윈 필요 없다고 말할 만큼 절박하고 간절한 '달'이 없었다. 오직 '6펜스'만이 절실했던 나에게 교사가 되는 길은 상황이 만든 유일한 선택지였다. 그렇지만 다시 생각해보면 분명 다른 선택지도 있었을 것이다. '6펜스'를 얻을 만한 길이 오직 교사가 되는 것뿐이었을 리는 없으니.

지극히 현실적인 이유에서 교직을 선택했지만 14년 차가 된 지금은 아이들을 가르치는 데 커다란 사명감을 느낄 만큼 이 일에 깊은 애정을 품고 있다. 순간의 선택들이 열어준 문을 따라 여기까지 오고 보니 '6펜스'를 좇아온 모든 선택이 나를 '달' 앞에 데려다놓은 것만 같다.

앞날을 고민하던 그때, 내 앞에 국어 교사라는 길이 유일한 선택지로 놓였던 것은, 내가 문학을 좋아했고 글쓰기를 즐겼으며 좋은 선생님들을 많이 만났기 때문이 아니었을까. 그 순간의 기억들이, 당시의 인연들이 내 앞에 국어 교사라는 선택지를 자연스럽게 놓아준 것이 아니었을까. 그렇다면 그건 능동적인 선택이 아니었다고 슬퍼할 것이 아니라 운명적인 선택이었다고 감사할 일이 아닌가 싶다. 결국 그때그때의 작은 선택들이 모여 지금의 나를 이루었다.

이제 나는 6펜스를 넘어 달을 바라본다.

동사형 꿈을 꾸며

'진로와 직업'은 학생 주도적으로 자신의 진로에 대해 고민하고 이를 실천으로 옮김으로써 체계적인 진로 준비가 가능하도록 학습 영역을 재구조화하여 핵심적으로 학습해야 할 영역을 선별하여 깊이 있는 학습이 가능하도록 설계하였다.

—2022년 개정 교육과정 '진로와 직업' 과목 주요 내용

2024학년도부터 순차적으로 적용되어 2027학년도에 전면 시행될 2022 개정 교육과정에서는 '진로와 직업'이라는

과목의 주요 내용을 위와 같이 설명한다. 교육과정이 개정될 때마다 진로 관련 과목은 점점 더 실제적인 과목으로 비중 있게 다루어지고 있다. 이미 10년 전부터 진로 전담 교사도 각 학교에 필수적으로 배치되고 있다. 그만큼 꽤 오래전부터 학교 현장에서는 진로 교육의 중요성이 대두되었고 구성원 모두가 실질적인 노력도 기울여왔다.

내가 학교에 첫 발령을 받았던 때만 하더라도 이와는 달랐다. 이제 막 진로 교육의 중요성을 인식하고 진로 교사를 선발하거나 진로 활동의 폭을 조금씩 넓혀가던 때였다. 신규 발령을 받고 업무를 익히며 수업까지 책임지느라 눈코 뜰 새 없던 내가 진로 교육에 관심을 두게 된 데는 이러한 당시 분위기가 한몫했을 것이다. 학교 교육의 목적은 여러 가지가 있겠지만 결국에는 아이들이 무사히 자신의 길을 찾아가도록 인도하는 것이 아닌가. 그렇다면 진로 교육이야말로 정말 중요한 부분이 아닌가. 그런 생각에 몰두하던 때에 H 선생님과 함께 근무했던 것은 운명이라고밖에 달리 표현할 길이 없다.

✳ ✳ ✳

H 선생님은 진로 교육 관련 활동에 굉장히 열심인 분이었다. 타 학교 선생님들과 진로 교육 단체를 직접 만들고 관련 프로그램을 개발하는 것부터 학생들의 신청을 받아 개발한 프로그램을 적용하는 일까지, H 선생님의 손이 닿지 않는 곳이 없었다.

"이번에 우리 단체에서 연수를 하나 하는데 같이 가볼래요?"

어느 날인가 H 선생님의 제안에 관련 공문을 들여다보았다. 주말을 온전히 반납해야 하는 1박 2일 연수였다. 그러나 주말이 아깝지 않을 만큼 좋은 연수이기도 했다. 한두 시간짜리 연수에서는 만나기 힘든 강사진과 프로그램으로 구성되어 있었고, 따분한 이론 강의가 아니라 실제 아이들과 만나 진로 교육을 할 때 활용할 수 있는 다채로운 활동 실습이 목표였다. 심지어 1박 2일 연수 경비까지 모두 지원되었다. 뜻이 있는 곳에 길이 있다고 했던가. 학교 현장에 제대로 된 진로 교육이 꼭 필요한 이유에 깊이 공감하던 때에 H 선생님이 보여준 새로운 길은 내 마음을 움직이기에 충분했다.

"선생님, 이 연수 정말 좋네요! 저도 가볼게요. 신청했습니다!"

연수는 기대 이상으로 좋았다. 연수 내용은 말할 것도 없었지만 그보다 더 좋았던 것은 연수에 함께한 선생님들이었다. 주말도 반납하고 연수에 참여해 열정을 불태우는 사람들과 함께하는 것만으로도 엄청난 에너지를 얻을 수 있었다. 나는 그 연수 참여자 중에서도 어린 편에 속했는데, 함께 연수를 받던 선배 교사들을 보고 있자니 '저만큼의 연차가 되었을 때, 나도 저렇게 열정적일 수 있을까. 할 수만 있다면 꼭 그랬으면 좋겠다'라는 생각이 저절로 들었다.

첫 번째 연수는 두 번째 연수로 이어졌고 이후 나는 H 선생님이 속한 단체의 일원이 되었다. 단순히 연수만 듣던 신규 교사에서 직접 프로그램을 개발하는 일까지 맡게 된 것이다. 책임자는 아니었지만 팀원들과 함께 아이디어를 내고 프로그램을 설계하며, 실전에서 활용할 만한 자료집을 제작하는 과정에 모두 참여했다. 나아가 진로 교육이 필요한 아이들의 신청을 받아 주말과 방학을 반납하며 프로그램 강사로도 직접 뛰었다.

진로 교육이 꼭 직업을 탐색하는 데만 그치는 게 아니라는 사실을 그때 처음 알았다. 직업 탐색은 가장 나중의 문제였다. 진로 교육의 출발은 현재의 학교생활을 원활히 할 수 있도록 돕는 일, 학교 공부를 제대로 할 수 있도록 실제적인 방법을 익히게 하는 일부터였다. '비포스쿨'이라고 해서 학교에 입학하기 전 학생들이 새 학교에 쉽게 적응하도록 돕는 단기 프로그램을 개발했고, 노트 정리나 암기법, 독서법 등을 담은 학습 코칭 프로그램도 만들었다. 비포스쿨은 상급 학교 적응력을 높이고 새로운 환경을 미리 경험하는 목적으로 개발한 프로그램이었으므로, (초등학교에서 중학교로, 중학교에서 고등학교로) 학교급이 바뀌면서 달라지는 것들에 관한 퀴즈를 만들거나 학교의 특정 장소를 모둠별로 찾아보는 미션 수행 활동을 고안했다.

한편 학습 코칭 프로그램을 개발할 때는 학습과 직접 연관이 되다 보니 조심스러운 부분이 많았다. 한동안 퇴근 이후의 시간을 반납해가며 팀원들과 타 기관이나 여러 책에서 소개하는 코칭 프로그램을 직접 공부하고 실습했다. 이를 바탕으로 코넬식 노트 정리법, 삼색볼펜 활용법, 포스트잇 활용법을 정리한 필기 실습 프로그램과 청킹, 이미지 암기법, 스토리 만들기 등을 적용한 암기 실습 프로그램 등을 만들었다. 그러는 중에도 변화하는 대입 관련 내용과 생활기록부 작성법 등을 다루는 연수에는 빠지지 않고 참여했다.

약 두 해 정도 진로 활동에 열심히 몸담았다. 처음에는 진로 교육에 대한 단순한 호기심으로 시작했지만, 시간이 갈수록 중요한 일들을 맡게 되었고, 그러면서 그 안에서 알게 모르게 배우는 것들이 많았다. 세상에 없던 새로운 프로그램을 내 손으로 직접 개발하는 일은 무척 힘들었지만 그만큼 짜릿했다. 주말이나 방학을 통해 낯선 아이들을 수시로 만나고 그들과 짧은 시간 동안 마음을 나누는 경험도 마찬가지였다. 계속해서 새로운 아이들 앞에 서야 할 나로서는 엄청난 실습 경험이 누적된 셈이었다. 프로그램이 끝나면 즉각적으로 돌아오는 피드백을 통해, 새로 만난 아이들과 정서적 교감을 이루었음을 알았을 때는 교사로서의 자신감이 싹트기도 했다.

비단 진로 교육에 관해서만 배운 건 아니었다. 프로그램을 개발하는 일은 결국 수업을 구성하는 일과 같아서 실제 국어 수업 준비에도 큰 힘이 되었다. 아이들이 국어 수업을 통해 교과적 지식만 익히는 것이 아니라, 자신의 진로나 비전을 직접 설계하도록 끝없이 아이디어를 구상해볼 토대를 마련할 수 있었다. 지금 생각해도 참 열정적이었고 치열했으며 또 그만큼 즐거운 시간이었다.

＊ ＊ ＊

당시 한창 진로 교육에 관련된 책들을 많이 찾아 읽었다. 그중 《동사형 꿈》이 유독 마음에 다가왔다. 책에서 말하길 사람들에게 꿈이 뭐냐고 물으면 대부분 '명사형'으로 답을 한다고 한다. 즉, 의사, 변호사, 교사, 디자이너, 가수, 기술자 등 어떤 직업의 이름을 꿈이라고 하는 식이다. 그런데 진짜 꿈은 '명사형'이 아니라 '돌보다, 기르다, 가르치다, 살피다, 그리다, 나누다, 판단하다'와 같은 '동사형'이 되어야 한다. 꿈과 관련해 특정 직업을 떠올리는 것이 아니라, 자신이 정말로 좋아하고 잘하는 일이 어떤 동사와 관련되는지 떠올린다면 훨씬 더 다채로운 꿈을 그릴 수 있기 때문이다.

직업의 이름이 중요한 것이 아니라 어떤 행위를 할 때 기쁨과 보람을 느끼는지가 중요하다는 말이 신선했다. 진로 교육이 나아갈 길을 보여주는 듯했다. 직업명(명사)으로 꿈을 말하는 아이들에게 가치 있는 동사를 찾는 기회를 제공하는 것. 그래서 아이들이 특정 직업에 매달리기보다는 다채로운 미래를 그려볼 수 있도록 돕는 것. 그것이 진짜 진로 교육이 아닐까 생각했다.

국어 수업에서 아이들과 함께 동사형 꿈을 찾던 순간을 기억한다. 명사로 한정되던 아이들의 미래가 동사로 확장되던 순간을. 그때 나도 나의 동사형 꿈이 '가르치다, 나누다, 성장하다'라는 것을 처음으로 인지했다. 그런 면에서 교사라는 직업은 더없이 적확한 명사였다.

나의 명사형 꿈은 이미 이루어졌을지 몰라도 동사형 꿈은 여전히 현재진행형이다. 동사형 꿈을 품은 덕분에 현재에 안주하지 않고 더 나은 내가 되고자 애쓸 수 있었다. 앞으로도 나는 계속해서 꿈꾸는 사람이고 싶다. 열심히 가르치고 아낌없이 나누며, 넓고 깊게 성장해나가고 싶다.

작은 학교에서 얻은 것

첫 발령지에 근무할 때 타 학교 선생님들을 만나면 으레 듣던 말이 있다. 승진에 관심이 있는 선생님들은 "와, 거기 승진 가산점 있는 학교라서 가기 힘들다던데 신규 발령이라니, 운이 좋네요!"라고 했고, 승진에 전혀 관심이 없는 선생님들은 "거기 학교도 작고 승진하려는 사람들이 모여서 일이 엄청 많다던데, 진짜 힘들겠어요!"라고 했다. 모두 손가락 걸고 약속이나 한 듯 한결같은 반응이었다. 학교생활을 쫓아가는 것만으로도 허덕이던 신규 교사에게 '승진하기 좋으니 운이 좋다'라는 말은 허상으로 들렸다. '일이 많다'라는 말도 비교 대상이 없었으므로 허상이긴 마찬가지였다. 주변 반응과 달리 첫 발령지에 근무하는 동안 '나는 참 행복한 교사다'라는 생각을 많이 했다.

작은 학교다 보니 교사 수도 스무 명 내외로 매우 적었다. 교사 수가 적을 때의 단점은 교사 1인당 업무량이 많다는 것도 있겠지만, 한두 명하고만 사이가 나빠도 학교생활이 무척이나 괴롭다는 게 더 크다. 다행히 내가 근무했을 때는 모두가 적당히 배려하고 양보하며 좋은 사이를 유지했기에 그런 어려움은 없었다.

내 경우에는 까마득히 어린 데다 신규였기 때문에 오히려 작은 학교의 덕을 보았다. 모두가 선배 교사였기에 도움을 구할 데도 많았고 애써 도움을 구하지 않아도 먼저 손을 내밀어주는 분도 많았다. 내가 실수를 하면 '신규니까 당연히 실수한다'라며 무한히 기다려주고, 무언가를 잘 해내면 '신규답지 않게 너무 잘한다'라며 치켜세워주는 분위기였다. 아마 대부분의 선생님이 부모님뻘일 만큼 나이 차이가 컸기에 그랬을 것이다. (자식이 첫 직장에 취업해서 고군분투하는 모습을 나를 통해 보셨던 것 같다.) 그래서 2년 차까지만 하더라도 작은 학교는 일이 많다는 공식을 체감하지 못할 만큼 배려받는 학교생활을 했다.

3년 차가 되면서는 상황이 약간 달라졌다. 경력으로 보자면 신규 교사나 마찬가지였지만 한 학교에 3년째 근무하다 보니 뒤에 발령받아 온 선생님들보다는 학교에 대해 아는 게 많았다. 사소하게는 학교 건물 배치부터 크게는 학교의 분위기, 아이들의 성향 같은 것들을 다른 선생님들보다 세세하게 알게 된 것이다. 그러니 학교에 대해서만큼은 내가 뭔가를 배우기보다 알려주어야 할 경우가 많았다. 업무나 수업에도 조금씩 익숙해지던 때라 스스로도 여유가 조금 생겼다. 그 덕분에 학교 업무 중에서 꽤 난이도가 있는 업무를 맡게 되었고 선배 교사들에게 받은 배려와 사랑에 보답한다는 마음으로 더 잘해내고 싶은 욕심이 생겼다.

그때부터 본격적으로 일이 쏟아졌고 '작은 학교는 일이 많다'라는 이야기에 격하게 공감했다. 하지만 그게 영 부담스럽거나 마냥 싫지만은 않았다. 도리어 아직도 신규에 가까운 나를 믿고 큰일을 맡겨주신다는 사실에 조금 들뜨기도 했던 것 같다.

＊　＊　＊

　　내가 작은 학교에서 행복을 느낀 데에는 사실 학생들과
의 관계가 훨씬 더 큰 영향을 미쳤다. 전교생 수가 적다 보니
아이들의 얼굴과 이름을 모두 외울 수밖에 없었다. 특히나
한 학년을 전담하며 일주일에 학급당 다섯 시간의 수업을
해야 했던(이 말은 결국 담당 학년의 모든 반 아이들을 매일 만났
다는 말이다) 나는, 아이들의 이름은 물론 사사로운 사정까지
속속들이 알게 되었다. 국어 교과라는 과목 특성상 텍스트
를 읽고 자기 생각을 말하거나 쓰는 활동이 많다 보니 더욱
그랬을 것이다.

　　요즘 아이들은 과거에 비해 관계를 훨씬 더 중시합니다. 예전의
　　어른 세대들이 일, 성과, 생산물을 더 중요시했던 세대인 것에
　　비해 지금의 아이들은 관계, 과정, 평판과 인정이 더 중요한 세
　　대입니다. (중략)
　　그런 점에서 아이들이 아주 실망하고 괴로워하는 것은 자신의
　　익명화, 무존재감입니다. 물론 여러 과정을 거쳐서 무기력해지
　　면 오히려 익명화를 좋아하지만, 상처받기 전 단계에서 아이들

은 자신이 어떤 어른의 구체적인 실명적 존재로 취급받는 것을 중요하게 여깁니다. 즉 구체적인 관계가 있다는 사실은 무언가를 시작할 수 있는 만남의 조건입니다.

사실 많은 아이들이 부모를 마음으로 서서히 떠나면서 다른 어른을 만나기를 고대합니다. 하지만 만날 어른이 없고, 또 아이들이 바라듯이 구체적으로 호감을 갖고 아이들에게 관심을 기울여주면서 만날 사람이 없습니다. 좋은 만남과 관계는 아이들에게 디딤돌이 되고 뚜렷한 희망을 갖는 길을 안내합니다.

—김현수,《요즘 아이들 마음고생의 비밀》중에서

아이들은 집단으로 있을 때 자신을 잘 드러내지 않았지만 자신을 개별적 존재로 바라보는 대상에게는 무한히 마음을 열어주었다. 내가 한 일이라고 해봐야 아이들의 이름을 외우고 불러주는 일, "요즘 어때?"라며 일상을 물어주는 일, 수업 시간에 저희들이 쓴 글을 읽고 코멘트를 달아 돌려주는 일 정도였는데도 아이들은 저희 세계에 흔쾌히 나를 들여주었다. 어려운 일이 생기면 숨기지 않았고 도움이 필요할 때는 서슴없이 도움을 구했다. 고민스러운 일은 털어놓았고 문제가 커지기 전에 방법을 물었다.

한번은 아이 한 명이 갑자기 나를 찾아와 대뜸 고민이 있다고 했다. 조용한 곳으로 아이를 데려가 무슨 일인지 묻자 "아빠가 많이 아파요"라며 폭포수 같은 눈물을 쏟기 시작했다. 사연을 들어보니 아버지가 투병 중이시고 경과가 좋지 않아 이별을 준비하고 있다고 했다. 이런 일은 나도 처음이라 하염없이 우는 아이를 어떻게 위로해야 할지 막막하기만 했다. 내가 위로한다고 나아지거나 도와준다고 변화할 수 있는 일이 아니었기에 그저 우는 아이를 한참 동안 안아주었다. 얼마 후 아이의 아버지는 돌아가셨고 나는 처음으로 학부모님의 부고를 받았다. 장례식장에서 상복을 입고 붉게 충혈된 눈으로 나를 맞이하던 작은 아이의 얼굴이 아직도 선명하다. 아이와 아이 어머님의 손을 번갈아 잡고 우는 일밖에 할 수 없던 시간. 그 시간을 무사히 지나 아이는 학교로 돌아왔다.

아버지를 보내고 온 아이의 마음이 어떨지 짐작조차 할 수 없었지만 생각보다 아이는 씩씩했다(씩씩한 척했을 것이다). 그 뒤로 종종 나는 아이와 마주 앉아 돌아가신 아버지 이야기를 했다. 그리울 때는 그리워해도 된다고, 엄마 앞에서 울기가 어렵다는 아이에게 그럼 내 앞에 와서 울라고, 그러면 된다고, 내가 전할 수 있는 마음을 전했다. 사춘기였던 아이가 아버지를 잃고 얼마나 황망한 마음을 견뎌야 했을지, 심지어 장녀라는 책임감에 엄마 앞에서조차 슬픔을 마음껏 드러내지 못하던 그 마음이 어땠을지 짐작하는 대신 나는 아이가 무사히 그 시기를 지나가기를 간절히 기도했다. 아이가 나를 찾기 전에 먼저 아이의 마음을 물었고 쭈뼛거리는 아이를 먼저 안아주었다. 감사히도 아이는 내 기도에 응답하듯 그 시기를 무사히 잘 지나갔고 끝내 제 삶을 잘 찾아갔다.

아이들이 열어준 세계 덕분에 나는 그 어렵다는 학생 지도에서 조금은 덜 헤매고 빨리 길을 찾을 수 있었다. 마음을 알아주는 일, 먼저 물어주는 일, 걱정과 관심을 표현하는 일이 아이들 사이에 발생하는 많은 문제를 사전에 해결해준다는 것을 일찍이 알게 되었다. 만약 첫 발령지가 아주 큰 학교였다면, 그래서 전교생과 그런 관계를 맺는 것이 애당초 불가능한 학교였다면, 아마 영영 몰랐을지도 모른다. 아이들과 좋은 관계를 맺는 것이 행복한 교사로 살아가는 지름길이라는 것을.

지금 나는 첫 학교의 두 배가 넘는 큰 학교로 옮겨왔지만 변함없이 내가 맡은 모든 아이의 이름을 외우고 그들의 사정에 관심을 둔다. 이제는 애써 그렇게 하려 하지 않아도 물 흐르듯 그렇게 된다. 아이들도 그런 내 마음을 어찌 그리 잘 아는지 담임도 아닌 내게 자주 속내를 비친다. 문득 고민이 있다며 찾아오는 아이도 있고 그냥 나와 이야기하고 싶다며 찾아오는 아이도 있다. 그들의 이야기를 듣다 보면 사연 없는 아이도 없고 이해 못 할 아이도 없다는 생각이 절로 든다.

작은 학교에 근무한다고 했을 때, 주변에서 보인 반응은 적어도 내게는 모두 오답이었다. 승진 가산점을 받은 것도, 일이 많은 것도 사실이었지만 내게 남은 건 가산점이나 힘든 기억 따위가 아니었다. 선배들로부터 받은 애정과 지지, 아이들과 일대일의 관계를 맺는 일의 소중함이 남았다. 동료들의 마음을 살피고 내 마음을 내어 함께하려는 다짐, 아이들의 삶에 관심을 두고 주저 없이 그 속에 발 들일 용기를 얻었다. 덕분에 현실적인 이유로 교사를 선택했던 나는 첫 학교에서 이미 교직에 열과 성을 다하는 교사로 성장할 수 있었다.

결국 작은 학교에서 내가 진짜 얻은 것은 어떤 교사로 살아갈 것인가에 대한 나만의 해답이었다.

여전히 학교에는 사랑이 있다

오늘은 스승의 날이다. 내가 학교에 다닐 때만 하더라도 스승의 날은 교사에게도 학생에게도 큰 행사였다. 스승의 날이 가까워지면 반장과 부반장을 필두로 하여 (담임 선생님 몰래) 어떤 선물을 준비할지, 어떤 이벤트를 할지 결정하느라 몇 날 며칠 교실이 술렁였다. 카네이션도 준비하고 깨알 같은 글씨로 편지도 썼다. 스승의 날 당일이 되면 새벽부터 등교해서 교실과 칠판을 아기자기 꾸미며 이벤트를 준비했고 반장과 부반장이 담임 선생님을 모시고 교실에 들어오기를 기다렸다. 선생님이 교실 문을 여는 순간, 〈스승의 은혜〉를 부르며 폭죽을 터트렸다. 교탁에는 십시일반으로 준비한 선물과 각자 마음을 담아 쓴 편지들이 가득했고 선생님은 한마디 하려다 울컥하셨다. 그럼 우리는 또 "울지 마, 울지 마" "선생님, 사랑해요!"를 외치고……. (지금 생각해보면 학년이 바뀌어도 한결같이 진부한 흐름이었다.)

물론 이런 기억에 동의하지 않는 사람들도 많을 것이다. 언젠가부터 학교 관련 기사의 댓글에는 교사에게 가혹 행위를 당하거나 부당한 대우를 받았다는 사연이 굉장히 많다. 그런 사람들에게는 나의 기억이 망상처럼 느껴질지도 모른다. 누군가에게 이 글이 혹시 상처가 될까 봐 글을 쓰는 마음이 조심스럽기도 하다. 하지만 내 기억에는 선명한 순간들이다. 선생님을 좋아했고 선생님을 동경했다. 그랬기에 꿈을 찾아 길을 헤매던 중에 끝내는 교직의 길로 들어설 수 있었을 것이다.

교직에 처음 들어섰던 10여 년 전만 하더라도 스승의 날 분위기는 비슷했다. 생각해보면 8~9년 전까지도 그랬던 것 같다. 분위기가 바뀐 것은 순식간이었다. 교사 개인의 비리나 학교 시스템의 문제가 곳곳에서 드러나기 시작했다. 학교에 대한 불신이 팽배해지고 교사에 대한 불만도 거세졌다. 그러던 중 청탁금지법(김영란법)이 통과되었고 '청렴'은 교사의 여러 의무 중에서도 가장 우선순위에 놓이는 의무가 되었다.

청탁금지법이 현장에 도입된 이후에도 몇몇 아이들은 스승의 날이 되면 작은 선물을 가져왔다. 학생들이 준비한 선물은 과자나 초콜릿, 작은 카네이션 바구니, 열쇠고리나 손거울 등 소박한 것들이었으나 법에 저촉되므로 모두 거절했다. 그때마다 나는 어쩐지 아이들의 마음을 거절하는 것 같았다. 애써 준비한 선물을 돌려보내는 내 마음과 준비한 선물을 도로 가져가야 하는 아이들의 마음이 부딪혀, 우리는 서로에게 진심으로 미안해했다.

그로부터 꽤 많은 시간이 흘렀다. 법도 법이지만 학교나 학생들의 분위기 자체가 많이 달라졌다. 교사나 학교 교육에 대한 불신도 더욱 깊어졌다. 학교에서 이탈하는 학생들도 많아졌고 학교를 상대로 한 소송도 엄청나게 늘었다. 이런 상황에서도 매년 5월 15일이면 스승의 날이 돌아왔다. 더는 교사를 존경하지 않는 학생들과 서로 간에 마음을 주고받는 일 자체가 두려워진 교사들이 남아 있는 학교에도 5월은 오니까.

다시 처음으로 돌아가, 오늘은 5월 15일 스승의 날이다. 당연하게도 스승의 날이라고 대단한 이벤트를 준비하는 아이들은 없었다. 그래도 담임 선생님과 정이 깊은 반의 경우 칠판을 꾸미는 정도, 선생님께 스승의 날 노래를 불러드리는 정도, 각자 쓴 편지나 함께 쓴 롤링페이퍼를 전달하는 정도였다. 담임 선생님과 관계가 좋지 않은 반에는 그마저도 없었다. 담임이 아닌 나에게도 조금은 씁쓸한 스승의 날이었다. 아니 그런 줄 알았다.

몇몇 아이들이 쉬는 시간에 교무실로 나를 찾아와서 작은 편지를 내밀었다. 편지에는 깨알 같은 글씨로 '고맙습니다' '선생님 수업을 기다려요' '샘, 아프지 마요' '샘, 사랑해요'라고 쓰여 있었다. 어쩌다 지나치며 한두 마디 건넸던 위로의 말들이 힘이 되었다는 고백도 있었다. 작년에 이어 올해도 함께해서 너무 행복하다는 문장도 있었다.

왈칵 눈물이 나려는 순간, 마법처럼 졸업한 제자가 보낸 꽃다발이 도착했다. 내게는 참 애틋한 제자인데 작년에 타 지역에서 교사가 되었다. 작년에도 꽃을 보내더니 올해도 보내주었다. 장문의 편지까지 함께.

그제야 같은 실에 근무하는 다른 선생님들을 찾아오는 아이들이 눈에 들어왔다. 편지를 써 온 아이도, "샘, 보고 싶어서 왔어요"라며 손하트를 그리고 가는 아이도 있었다. 교무실 문 앞에서 작년 담임 선생님을 붙잡고 〈스승의 은혜〉를 열창하는 아이들도 있었다.

분명히 스승의 날은 달라졌다. 누군가는 요즘 시대에 스승이 어디 있냐며 비웃듯 말한다. 학교 교육이 무너지고 있다고도 하고 교사들을 싸잡아 비난하기도 한다. 하지만 내가 오늘 겪은 그리고 지켜본 바로는, 꼭 그렇지는 않다고 말하고 싶다. 지금도 학교 현장에는 아이들을 사랑으로 품는 교사들이 더 많고 아이들은 고맙게도 그런 교사들의 마음을 잘 알아차려준다. 아이들은 우리를 여전히 '스승'이라 칭하고 우리는 아이들을 변함없이 '제자'로 삼고 있다. 구체적인 모습이 달라졌을 뿐, 여전히 학교에는 사랑이 있다. 희망이 있다.

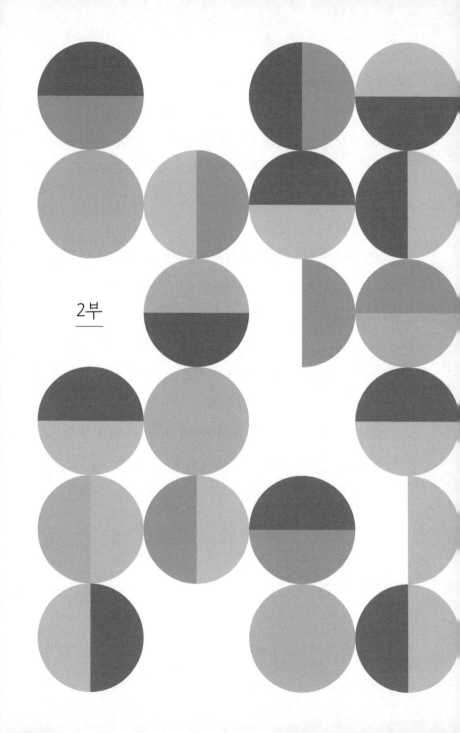

2부

교사로 자라다

진심은 편지를 타고

10년 넘게 교사로 근무하면서도 어쩌다 보니 담임은 여섯 번밖에 해보지 못했다. 대개의 교사가 적어도 이삼십 대 때는 주로 담임 업무를 맡는데, 나는 임신과 출산에 육아 휴직까지 반복하면서 일찌감치 보직 교사(담임이 아닌 업무를 전담으로 하는 교사)가 되었다. 학교의 업무는 무엇 하나 중요하지 않은 것이 없지만 결국 학교가 학생을 올바르게 키워내는 기관이라고 할 때, 담임은 다른 어떤 업무보다 막중한 책임이 따르는 일이다. 아이들의 바로 곁에서 학교의 부모 역할을 하기 때문이다.

고등학교 근무 2년 차에 2학년 담임을 맡았다. 이제 와 고백하자면 담임으로 맡을 반이 정해지던 2월 말의 어느 날, 내 손에 놓인 아이들의 명단을 보며 약간의 좌절감을 느꼈다. (애들아, 이제 와 새삼 미안하다.) 면면을 보니 하나같이 개성이 강하고 뚜렷한 아이들이었다. 직전 해 1년 동안 1학년 전 반을 가르쳤던 터라 아이들의 성향을 대체로 잘 알고 있었기에 이름만 보고도 걱정이 앞섰다. 남학생 수가 적고 여학생 수가 많은 문과 반이었는데, 특히 여학생 중에 소위 '기가 센' 아이들이 꽤 있었다.

"선생님 반 아이들 만만치 않겠는데요?"

옆 반 선생님도 우려 섞인 말을 건넬 만큼 기대보다 걱정이 컸던 우리 반. 시간이 지난 후 들어보니 반 아이들도 학급 명단을 보고 모두 깊이 좌절했다고 했다. 명단이 공개되자마자 아이들 사이에서 '6반 폭망(?)'이라는 소문이 돌 정도였다고 하니……. 3월 개학을 앞두고 몇 번이고 명단을 다시 들여다보며 이 개성 강한 아이들을 어떻게 품어야 할지 고민이 깊었다.

＊ ＊ ＊

개학을 하루 앞두고 아이들에게 편지를 썼다. A4 용지 양면을 빼곡하게 채운 편지를. 굳이 편지를 쓴 이유는 하나였다. 그냥 하면 잔소리 같은 말도 다정한 편지로 표현하면 애정 어린 마음으로 전달되지 않을까 하는 기대 때문이었다. 더 솔직히 말하자면 잔소리해서 먹힐 아이들이 아니라고 판단해서였다. '한 해를 함께 보낼 너희들을 맞이하며'로 시작하는 편지에는 6반 담임을 맡게 된 소감과 담임으로서 중요하게 생각하는 가치, 1년 동안 꼭 지켜주었으면 하는 당부의 말을 담았다. 개학식 당일, 몇 번이나 쓰고 고치기를 반복한 편지를 아이들 수만큼 출력해 손에 들고는 두근거리는 마음으로 교실 문을 열었다. 지난해 나와 잘 지냈던 아이들은 환호를, 나와 몇 번 부딪혔던 아이들은 우려 섞인 눈빛을 보내던 첫날 첫 시간, 다른 말 없이 준비한 편지부터 나누어주었다. 원래 각자 읽어보게 할 생각이었으나 그랬다가는 조만간 편지가 바닥을 굴러다닐 것 같은 불길한 예감이 들었다.

"얘들아, 샘이 지금부터 이 편지를 읽을 거야. 잘 들어줘."

내가 쓴 편지를 내가 읽는 일에는 큰 용기가 필요했다. 머쓱함과 무안함을 견디며 아이들 앞에서 편지를 낭독했다. 소란스럽던 교실은 이내 고요해졌고 아이들의 눈은 내가 쓴 편지에, 귀는 나의 목소리에 몰두해 있음이 느껴졌다. 긴 편지 낭독이 끝나자 아이들은 박수를 쳤다. 그 박수의 의미를 다 알 수는 없었지만 첫 느낌이 나쁘지 않다는 건 확실했다. 떨린 마음을 진정하고 1년 동안 잘 지내보자고 말했다. 교실 문을 나서는 발걸음이 생각보다 가벼웠다.

＊ ＊ ＊

시작은 그럴듯했으나 이미 예상했던 대로 걱정할 만한 일들이 계속 일어났다. 개성 강한 아이들은 단합이 잘 되지 않았다. 몇 안 되는 남학생들은 대체로 학교 수업에 관심이 없었다. 이미 자신은 정시파(수능으로 대학을 가겠다는 아이들로, 내신 성적이 필요 없으니 학교 수업은 듣지 않겠다는 아이들을 일컫는 말)라며 수업 시간에 다른 공부를 하겠다는 아이도 있었고, 담배 냄새를 풍기며 교실 구석에서 내내 잠만 자는 아이도 있었다. 남학생 수가 절대적으로 적다 보니 여학생과 남학생 사이에는 건널 수 없는 강이 놓인 듯 서로 내외하기 바빴다. 그렇다고 여학생들이 학급 일에 협조적이었냐 하면 그것도 아니었다. 염려했던 대로 몇몇 여학생들은 누군가의 좋은 일을 온전히 기쁘게 받아들이기보다는 시기하고 질투하기 바빴다. 드러내놓고 다투지는 않았어도 묘한 기싸움이 계속되는 게 느껴졌다. 그러나 아이들은 벌써 열여덟 살이었다. 잔소리하고 타이른다고 해서 금세 달라질 나이가 아니었다. 내 눈엔 아이였지만 스스로는 자신이 어른이라고 믿는, 전형적인 십 대였다.

아이들에게 담임으로서 해줄 수 있는 게 무엇일까 많이 고민했다. 아이들이 학교와 수업에 마음을 붙이지 못하는 모습도, 친구들을 믿고 의지하지 못하는 모습도 안타까웠다. 모두 저마다의 방어벽을 세우고 있었지만 실제로는 '어떻게 해야 할지 모르겠어요' '불안하고 무서워요'라고 말하며 발버둥 치는 듯 보였다. 내가 해줄 수 있는 유일한 일은 아이들이 믿고 의지할 만한 어른이 되어주는 것이었다.

아이들과 자주 상담을 했다. 아이들의 이야기를 들으면 들을수록 이들에게는 나침반이 필요하다는 생각이 들었다. 특정한 길을 제시하는 지도보다는 스스로 방향을 잃지 않고 나아갈 수 있도록 언제든 꺼내 볼 나침반이.

매달 마지막 주말이면 아이들에게 긴 편지를 썼다. 대단한 문장을 쓰지는 않았다. 다만 학급을 책임지는 담임으로서, 나아가 조금 먼저 세상을 살아본 어른으로서 그때 그 시기에 아이들에게 하고 싶은 말을 담았다. 잔소리 같은 말도 편지로 쓰고 나면 꽤 애틋하게 느껴졌다. 그리고 매달 첫 월요일 조례 시간에 낯간지러움을 무릅쓰고 편지를 낭독했다. 딴생각을 하든 귀 기울여 듣든 그건 아이들의 선택이었고 나는 단지 내 몫을 다했다. 가끔은 내가 쓴 편지에 내가 울컥하는 웃지 못할 일도 있었으나 매달 묵묵히 편지를 쓰고 읽기를 멈추지 않았다.

한두 번에 그칠 줄 알았던 편지 낭독이 계속되자 아이들의 태도가 점점 달라졌다. 처음에 아이들은 나보다 더 낯을 붉혔다. 편지를 통해 마음을 주고받는 일에 익숙하지 않은 아이들은 누군가가 자기들을 생각하며 쓴 편지를 받는 것도 낯선데, 심지어 낭독까지 해주자 어쩔 줄 몰라 했다. 그런데 한 달 두 달이 지나자 내심 그 시간을 기다리는 아이들이 생겨났다. 나누어준 편지를 파일에 따로 모아 곱게 보관하는 아이들도 생겼다. 공부하다 가끔 마음이 무너져 내릴 때면 그 편지들을 꺼내 읽어본다는 아이들까지(정말 나침반이 될

줄이야)! 아이들과 첫 만남을 준비하며 잔소리를 대신하려고 시작했던 일이 생각 이상으로 큰 의미를 지닌 우리 반만의 이벤트가 되었다.

* * *

그해 7월에 첫 아이를 임신하면서 지독한 입덧 탓에 8월부터 10월까지는 학교를 비우는 날이 많았다. 나를 대신해서 부담임 선생님이 우리 반을 맡아주셨다. 임시로 담임을 하는 건 꽤 신경 쓸 게 많은 고단한 일이지만 부담임 선생님은 내 자리를 대신하면서도 힘든 게 하나도 없다고 말씀해주셨다. 거기에는 우리 반 아이들의 역할이 컸다. 담임 선생님 없는 반이라는 게 티 나지 않도록 저희들끼리 잘해야 한다면서 어찌나 으쌰으쌰 하던지. 멀리서 내가 할 수 있는 거라곤 매달 쓰던 편지를 이어 쓰는 일밖에 없었다. 당시 반 아이들과 운영하던 SNS에 매달 첫 월요일이 되면 편지를 써 올렸다. 아이들이 나의 부재를 빈자리로 느끼지 않도록 그리운 마음을 담뿍 담아 편지를 썼다. 편지를 읽은 아이들은 '선생님이 빨리 돌아오셨으면 좋겠지만 건강이 더 우선이니 절대 무리하지 마세요'라며 진심 어린 답을 보내주었다.

지독했던 입덧이 끝나고 학교로 돌아간 이후, 아이들과 나는 그동안 함께하지 못한 시간을 보상받는 마음으로 더 많은 이야기와 더 깊은 사랑을 나누었다. 해가 바뀌어 고3이 되던 아이들은 지난 1년간의 추억이 고스란히 담긴 학급문집을 만들어 선물처럼 내밀었다. 학업에 지쳐 여유라고는 전혀 없던 아이들이 짬을 내어 글을 쓰고 편집해서 만든 귀한 문집이었다. 거기에는 내가 쓴 '러브레터'도 실려 있었다. '응답하라 2016, 함께여서 행복했던'이라는 제목의 문집은 당시 6반이었던 모두에게 소중한 추억이 되었다.

교사의 리더십을 통해 학생들은 안전하다는 느낌을 갖게 될 수 있다. 교사는 학급과 맺은 관계를 통해 학생들을 단결시킬 수도 있다. 교사가 집단의 나침반이 되어 학생들을 하나로 뭉치는 접착제 역할을 할 수도 있다. 교실에서의 안전감은 교사가 가르치는 내용이나 새로 도입하는 규칙에서 비롯되지 않는다. 간단히 말해 안전감의 근간을 이루는 것은 교사 자신이며, 교사가 학생들에게 어떤 존재인가에 있다. (중략) 특별한 존재가 되거나 완벽한 교사가 되라는 말이 아니다. 실제로는 정반대다. 모든 인간이 느끼는 욕구의 뿌리를 잊지 말라는 말이다. 요즘처럼 바쁜 세상에서 우리가 자주 놓치게 되는 것, '유대감'을 기억하라는 말이다.

—해나 비치 외, 《교사는 어떻게 아이의 삶을 바꾸는가》 중에서

내가 리더십 있는 교사였는지는 모르겠으나 시간이 지날수록 학급 안에서 아이들이 안전하다는 느낌을 받았던 것은 분명해 보인다. 막연한 기대감으로 썼던 편지들이 나침반이 되어 아이들을 끈끈하게 연결하는 접착제 역할을 한 것도. 당시에는 어떻게든 1년을 잘 보내보고자 시도했던 나름의 발버둥이었는데 그게 틀린 방향은 아니었던 것 같다.

열여덟에 만나 이제 스물 중반의 청년이 된 이때의 아이들은 지금까지도 끈끈한 관계를 유지하며 서로의 앞날에 축복을 기원하는 사이로 남아 있다. 아직도 나는 지난날들을 그리워하며 한 번씩 아이들이 만들어준 문집을 들춰본다. 벌써 10년 가까이 지난 인연이지만 우리가 품은 특별한 유대감은 한결같이 우리 삶에 큰 영향을 미치고 있다. 앞으로도 내가 오랜 시간 교직에 머물 수 있다면 10년 전 모두의 걱정과 우려 속에 만났던 귀한 아이들 덕분일 것이다.

서로 배우는 교무실

공립 학교는 4년에 한 번씩 근무지를 이동하는 것이 기본 원칙이다. 첫 발령지인 중학교에서 4년을 채우고 처음으로 전보 내신서(이동하기를 희망하는 학교의 명단을 작성하는 서류)를 써야 하는 시기가 되었다. 처음으로 학교를 이동하는 거라 마음이 복잡했다. 정든 학교를 떠나야 하는 것도, 다시 새로운 환경에 적응해야 하는 것도 모두 막연했다.

"선생님, 고등학교에 관심 있다고 했었죠? 그럼 초빙교사 자리에 서류를 내보는 건 어때요?"

4년 차 때 내가 수업에 공을 들이는 것을 알아봐주신 교감 선생님의 조언이었다. 그 덕분에 초빙교사 제도를 알게 되었다. 교사의 전보는 교육청에서 내신서에 따라 발령을 내는 것이 원칙이다. 이와 달리 초빙교사 제도는 특정 업무를 맡을 교사를 해당 학교에서 자체 서류 심사와 면접을 통해 선발하는 제도다. 여러 학교에서 초빙교사 선발 공문을 발송했는데 교감 선생님께서 권해주신 학교는 '수업 연구에 힘써줄 교사'를 찾는다는 학교였다. 대개는 교무나 학생 생활 지도 등 특정 업무를 맡아줄 교사를 초빙하는데 그 학교만은 그렇지 않았다. 수업 연구를 활발히 할 교사라니! 마음이 크게 요동쳤다.

* * *

여러 서류를 준비해 심사에 임했다. 감사하게도 서류가 통과되어 면접을 보았고 얼마 뒤 최종 발령이 났다. 그렇게 4년 만에 중학교에서 고등학교로 근무지를 옮겼다. 고등학교에 첫 발령을 받자 다시 신규가 된 것 같았다. 중학교와 고등학교 교사는 '중등 교사'라는 같은 직급으로 묶여 있지만 학생들의 수준이나 교사들의 성향 등 근무환경이 무척 다르다는 말을 많이 들은 터라 설렘과 염려가 동시에 몰려왔다.

3월이 되어 긴장과 기대 속에 새 학교로 출근했다. 첫 고등학교 출근이라는 부담감도 컸지만 진짜 부담은 내가 수업 연구를 위해 초빙된 교사라는 데서 왔다. 어떤 교사든 수업에 부담을 느끼지 않는 사람은 없는데 수업으로 초빙이 되었다니 그 부담감을 이루 말할 수 없었다. 첫 출근을 했을 때, 교장 선생님은 "1학년 부장님이 수업에 열의가 많은 분이시니 부장님을 도와서 수업 개선에 힘써달라"는 당부를 재차 하셨다. 내가 1학년 담임 교사가 된 데에는 수업 개선을 위해 힘써오신 학년 부장님과 마음을 모아 실효성 있는 수업 개선을 이루어보라는 큰 뜻이 담겨 있었다. 사실 교장 선생님이나 1학년 부장 선생님을 제외한 다른 선생님들은 내가 초빙교사로 왔다는 것에 별 관심도 없었는데, 괜히 혼자 여기저기 눈치 보며 엄청난 책임감을 느꼈다.

요즘도 별반 다르지는 않지만 당시 고등학교 수업에서 큰 문제가 되던 것이 '자는 아이들'이었다. 중학교에서는 수업 시간에 자는 아이가 많지 않았다. 떠들고 돌아다니며 수업을 방해하는 아이는 있었어도 집단 무기력에 빠져 모두가 잠든 교실은 찾아보기 어려웠다. 그런데 일반계 고등학교에서는 자는 아이들을 일으켜 수업으로 이끄는 것이 큰 화두였다. 상황이 이렇다 보니 아이들을 무기력의 세계에서 활력의 세계로 끌어내기 위해 각종 노력을 마다하지 않는 교사들도 많아지고 있었다. 그때 한창 관심을 받던 것이 '함께 배우는 교실'을 표방하는 수업 철학이었다.

1학년 부장 선생님은 몇 년 전부터 A 선생님과 함께 교실 수업 개선에 뜻을 품고, 잠든 아이들을 깨워 어떻게든 함께 배우는 분위기를 만들어보려는 시도를 지속하고 있다고 했다. 강의식으로 수업을 하면 아이들이 모두 잠들어버리므로 학생들 스스로 배울 수 있는 방법을 찾기 위해 많은 변화를 주려고 노력해왔다고. 그 뜻에 힘을 실어 수업을 제대로 바꿔보고자 '수업 개선에 힘써줄 교사'를 초빙하기에 이른 것이었다.

수업 개선에 관한 선생님들의 의지가 가장 강력하게 드러난 것은 1학년 교실의 자리 배치였다. 학기가 시작되기도 전에 이미 모든 교실의 자리가 디귿 자 형태로 배치되어 있었다. 이는 일반계 고등학교에서 찾아보기 힘든 파격적인 자리 배치였다. 디귿 자 자리 배치에서는 아이들이 칠판을 바라보지 않고 서로를 바라보기에, 강의식 수업의 효율이 극도로 떨어질 수밖에 없었다.

학기 시작 전, 미리 자리 배치를 확인한 선생님들은 엄청난 불만을 드러냈다. 매시간 진도에 쫓기고 평가에 마음 졸이는 일반계 고등학교에서 강의식 수업이 힘든 자리 배치라니? 불만은 선생님들에게서만 나온 것이 아니었다. 학기가 시작되어 본격적으로 수업이 진행되자 아이들에게서도 불만이 쏟아졌다. 수업에 집중이 잘 되지 않는다, 칠판을 보려면 고개를 옆으로 돌려야 하는데 목이 너무 아프다, 모둠 수업을 하는 것도 아닌데 왜 이렇게 앉아야 하는지 도무지 모르겠다, 사각지대가 더 많이 생긴다 등등 불편을 토로하는 아이들이 많았다.

시간이 흘러도 디귿 자 자리 배치에 대한 저항은 줄어들지 않았다. 그러나 1학년 부장님과 A 선생님은 흔들림이 없었다. 그 과정에서 많은 사람들에게 알게 모르게 쓴소리도 많이 들었을 텐데 두 선생님의 의지는 확고했다. 나는 학년 교무실에서 가장 연차가 적은 교사였지만 수업 개선을 위해 초빙된 교사가 아니었던가. 두 선생님의 생각이 무척이나 궁금했다.

두 선생님이 무리해서라도 그러한 자리 배치를 시도해보고자 마음먹은 데에는 분명한 이유가 있었다. 바로 입시 위주의 수업이 안고 있는 고질적인 문제 때문이었다. 소수의 엘리트를 위해 다수가 잠드는 교실을 묵인하는 분위기, 어느 순간부터는 소수의 엘리트조차 학교 수업보다 학원 수업을 더 신뢰하게 된 상황 말이다. 두 분 선생님은 학교 교육이 그렇게 나아가서는 안 된다고 생각했고 학교의 변화는 수업에서부터 시작되어야 한다는 확신이 있었다.

교실(학교)의 시공간을 재설계해야 한다. 근대 교실의 시공간이 근대 교육을 만들고 근대 교육의 시스템이 근대 교실의 시공간을 재생산한다면 자신이 담당하는 교실의 시공간에 작은 변화를 만드는 것만으로도 근대 교육의 경직된 시스템에 균열을 낼 수 있지 않을까? 우리의 교실 시공간을 새롭게 기획하는 것이 나비효과와도 같이 근대 교육의 시스템을 종국적으로 바꿀 수도 있지 않을까?

예컨대, 교탁-책상의 계몽적인 배치를 원탁처럼 위아래와 시작과 끝이 없는 배치로 바꾸기만 해도 분명히 다른 종류의 공간적 관계, 다른 종류의 사회적 관계를 만들 수 있다. 그렇다면 학생들이 교사의 일방적 주입에 수동적으로 반응해야 하는 일제식 배치에서 학생들 간의 소통과 협동이 가능한 모둠 배치로 바꾸고 그 배치에 맞게 수업을 재조직하는 작은 실천이야말로 새로운 교육을 여는 시발점이 될 수 있지 않을까?

—이혁규, 《누구나 경험하지만 누구도 잘 모르는 수업》 중에서

두 선생님은 지난 2년간 수업을 바꾸자는 원론적인 말로는 변화를 일으키기 어려워 교실 환경을 바꾸는 과감한 시도를 하기에 이르렀다고 했다. 교실의 시공간을 재설계하는 일이 결국에는 수업을 재조직하고 끝내는 새로운 교육을 여는 시발점이 되기를 희망한다고. 그 과정에서 저항과 반발은 당연히 예상한 결과였고, 그런 과정도 꼭 필요하다는 말씀도 덧붙였다.

두 선생님과의 대화는 5년 차였던 나에게 큰 자극이 되었다. 한 시간의 수업도 겨우 해내던 내게 두 분의 교육 철학은 거대한 숲을 보는 깊이 있는 시선으로 느껴졌다. 비단 내 수업 한 시간만 잘 해낸다고 해서 변화가 일어나기는 어렵다는 것, 교육공동체 모두의 힘이 한 지점으로 향할 때라야 작은 변화라도 일어날 수 있다는 것, 그러기 위해서는 교사

들 간에 더 많은 대화가 이루어져야 하며, 그 대화 주제가 수업과 아이들 이야기라면 서로 다른 생각이 부딪히는 상황도 귀한 자극이 될 수 있다는 것을 배웠다.

* * *

학년실에서는 틈만 나면 학생들 이야기, 수업 이야기가 오갔다. 나는 이미 20년 차를 훌쩍 넘은 두 분 선생님과 대화를 나누는 것만으로도 배움이 일어난다는 생각을 자주 했다. 나의 경험은 너무도 적었고 두 분의 경험은 당시 내가 보기에 너무도 대단했다. 학년실의 다른 선생님들은 어땠을지 모르나 나는 두 분 앞에서 종종 학생이 되는 마음이곤 했다. 그런데 희한하게도 두 분은 한 번도 나를 까마득한 후배 교사로 대하지 않았다. 오히려 아이들과 더 쉽게 소통하는 교사, 그리하여 당신들이 보고 배울 점이 많은 교사로 대해주었다. 나에게 선생님들의 수업에서 어려움을 겪는 아이들 이야기를 서슴없이 했고, 수업 진행에 관한 아이디어도 적극적으로 구했다. 그때까지만 해도 교무실에서는 늘 배우는 입장이었던 나에게 두 분의 태도는 신선하고도 큰 충격으로 다가왔다.

'아, 이런 게 서로 배우는 거구나!'

함께 배우는 교실을 만들기 위해서는 함께 배우는 교무실을 꾸리는 것이 먼저였다. 그해 두 분 선생님을 중심으로 교무실의 변화를 이룬 덕에 교실 수업의 변화를 꿈꾸며 여러 시도를 해볼 수 있었다.

후일담이지만 당시 두 분 선생님의 적극적인 주도로 이루어진 디귿 자 자리 배치는 학년이 마무리될 때쯤 상당 부분 원위치되었다. 어떤 반은 담임 선생님의 교육관에 따라 반 자리 배치 자체가 통째로 바뀌었고, 특정 교과 수업에서만 디귿 자 자리 배치를 풀고 모두 칠판을 보도록 조정하는 경우도 있었다. 그렇지만 나는 그때의 시도가 결코 실패라고는 생각하지 않는다. 모두가 당연하다고 받아들이는 것에 변화를 주려는 시도만으로도 큰 의미가 있었다. 그 시도로 인해 수업에 대한 여러 논의가 오갔으니 더할 나위 없었다.

결핍이 자산이 되다

한 해에 적을 때는 백여 명, 많을 때는 삼백여 명의 아이
들을 만났다. 아이들은 저마다의 사연을 품고 있었다. 애써
알고 싶어 하거나 굳이 말하게 하지는 않았지만 아이들이
원한다면 나는 언제든 들어줄 준비가 되어 있었다. 사실 애
써 묻지 않아도 아이들의 표정에서, 생활 태도에서 각자의
사연은 고스란히 드러났다. 특히나 심각한 상황에 놓인 아
이라면 눈빛만 봐도 알아차릴 수 있었다. 아마 내가 지나온
길이라 유난히 선명하게 보였을 것이다. 그래도 선뜻 묻지

않았다. 아이들은 제 이야기를 털어놓고 싶어 하면서도 꼭 그만큼의 에너지를 쏟아 꼭꼭 숨기고 싶어 한다는 걸 알았기 때문이다. 마치 과거의 나처럼.

　나는 한부모가정에서 자랐고 교사가 되기 직전까지도 기초생활수급자였다. 엄마의 희생과 헌신으로 생활에서 느끼던 실질적인 부족함은 많지 않았지만 나를 수식하는 객관적인 지표들은 하나같이 나를 부족한 것이 많은 사람으로 만들었다. 사는 동안 나의 환경이 부끄러웠던 적은 없으나 내세워 자랑할 것도 아니었다. 그런데 교사가 되고 아이들을 만나며 나의 결핍에 자부심을 느끼는 순간들이 생겼다. 단한 번도 예상하지 못한 일이었다.

　무슨 용기였는지 몰라도 어느 순간부터 나는 내가 살아온 삶을 숨기지 않기로 했다. 문학 작품 속에 한부모가정의 인물이 등장하면 "나도 한부모가정에서 자랐어. 나에게는 아빠가 없었지"라고 무심하게 말해주었고, 가난에 관한 이야기가 나오면 "나도 학창 시절에 무척 가난했단다"라고 가볍게 고백했다.

　나의 가벼운 고백 앞에 무거워지는 건 도리어 아이들이었다. 동정이나 연민의 눈빛은 아니었다. 어쩌면 치부일 수도 있는 과거를 별거 아닌 듯 말하는 나를 새롭게 보는 듯했다. 그리고 약속이나 한 듯이 머지않은 어떤 날, 꼭 몇몇 아이들이 나를 찾아와 자기의 결핍을 털어놓았다. 아직 십 대인 아이들에게는 현재진행형이고, 그래서 꽤 쓰라린 사연을 주저 없이 꺼내 이야기했다. 그렇게 한참을 쏟아낸 아이들은 늘 조금은 홀가분해진 얼굴로 돌아갔고 나는 그 아이들을 오래 품을 용기를 얻고 또 내었다.

✳ ✳ ✳

어느 해 내가 담임을 맡은 반에서 만난 A는 꼭 나와 닮은, 한부모가정의 자녀이자 기초생활수급자였다. 자기방어 심리가 무척이나 강했던 A는 자신의 결핍을 들키지 않기 위해 지나치리만큼 밝고 건강한 척했다. 공부도 꽤 잘했고 학급 임원을 맡기도 했으며 친구들과도 두루 잘 지냈다. 그 애씀이 너무도 눈에 보였지만 그 마음을 알 것도 같아서 선뜻 먼저 아는 체하지 않았다.

담임으로서 몇 번의 상담을 하는 동안에도 A는 마음을 열 듯 말 듯 망설였다. 나는 나의 지난날을 주저 없이 털어놓았고 A는 주로 가만히 들었다. 나의 과거로 A의 현재를 응원했다. 당장의 결핍이 반드시 어둠으로 이어지는 것은 아니며 때론 빛으로 나아가는 통로가 되기도 한다며 A의 얼룩진 마음을 보듬었다. A의 마음을 얻기까지 그 후로도 꽤 오랜 시간이 걸렸으나 이후 가장 오랫동안 인연을 이어가는 사이가 된 걸 보면 그때의 내 노력이 헛되지는 않았던 것 같다.

또 다른 아이 B는 교과 수업을 통해서만 만나는 사이였던지라 내밀한 속사정을 알게 될 거라고는 전혀 예상하지 못했다. B는 늘 수업 시간에 활기찬 목소리와 적극적 태도로 열성적인 수업 자세를 보이던 아이였다. 가끔 수업이 뜻대로 흘러가지 않을 때면 B에게 기대어 수업을 진행할 만큼 든든한 면이 있기도 했다.

B의 사연을 알게 된 것은 어느 해 작문 수업을 통해서였다. 당시 작문 수업의 주제는 '생각만 해도 좋은 한 가지 혹은 어렵고 힘든 순간을 이겨낼 수 있도록 하는 한 가지에 관한 글쓰기'였다. 내가 예상한 아이들의 '한 가지'는 즐겁고 신나는, 다채로운 취미나 덕질에 관한 것이었다. 그런데 B가 선택한 한 가지는 예상을 벗어나도 한참 벗어나 있었다. 바로 '상상'이었다. 이유를 묻는 나에게 B는 이야기했다.

"저는 힘들 때 상상을 하면서 버티고 이겨내요. 다른 한 가지는 떠오르는 게 없어요."

그때까지만 하더라도 B의 상상이 '공상'에 가까운 것이리라 막연히 생각했다. 공상하기를 즐기는 고등학생들은 꽤 흔하니까. B의 글을 보면서 오열하기 전까지만 하더라도.

B는 글에서 부모님의 이혼으로 아버지와 둘만 살고 있다고 고백했다. 어머니가 집을 떠난 후 적막한 집에 처음 들어섰던 순간을 두고 '집 안이 비어 있는 화분 같았다'라고 표현한 B는 어머니의 부재가 견디기 어려워 그 현실을 외면하는 방법으로 '상상'을 선택했다고 했다. 부모님이 함께하는 상상, 어머니와 여전히 함께하는 상상으로 매일을 참고 버텨왔다고. 너무도 진솔한 내용과 표현에 눈물 흘리지 않을 도리가 없었다. 글을 읽은 후 B에게 최대한 담백하게 나 또한 너와 같은 상처를 지녔다고 털어놓았다.

"나도 너랑 비슷한 상처가 있어. 나는 아빠가 없었거든. 십 대 때는 그게 굉장히 큰일처럼 느껴졌는데 이만큼 나이 먹고 나니 참 별거 아니더라. 시간이 모든 것을 해결해줄 거야"

B는 머쓱한 듯 웃으며 이제는 다 괜찮다고, 더는 개의치 않는다고 말했다. 그 말이 더 아렸다. 겨우 이삼 년 전에 겪

은 일을 이삼십 년 전의 일처럼 대수롭지 않은 듯 말하는 B의 마음에 선명한 생채기가 나 있을 것을 충분히 짐작할 수 있었기에.

＊ ＊ ＊

나의 결핍은 오랫동안 나의 약점이었다. 결핍이 있었어도 느끼지 못하며 살았다고 당당하게 말했지만 그렇게 하기까지는 꽤 오랜 시간이 걸렸다. 그 후에도 나를 수식하던 결핍의 단어들은 가슴 깊은 곳에 남아 가끔씩 큰 슬픔을 몰고 오기도 했다. 그러나 교사가 된 이후로 나의 결핍은 오히려 자산이자 강점이 되었다.

수많은 아이를 만났고 만나갈 나는 이제, 나와 같은 일을 경험한 아이들을 아무런 편견 없이 보듬고 안아줄 수 있다. 내가 먼저 겪어봐서 안다고, 내가 먼저 슬퍼봐서 알고 내가 먼저 비어봐서 그 허전함 또한 잘 알고 있다고 말해줄 수도 있다. 나를 만날 아이들이 슬프고 허전해하더라도 그만큼 내가 더 안아주고 더 많이 사랑해줄 수 있다.

교실을 열다,
수업을 열다,
마음을 열다

교사는 교실에 들어가는 순간 동료들에게 문을 닫는다. 교실에서 나오면 교실에서 벌어진 일, 또는 벌어질 일에 대하여 거의 얘기하지 않는다. 교사는 자신의 경험을 별로 공개하지 않는다. 그리고 이러한 현상을 가리켜, 극복 대상인 소외주의라고 하지 않고 오히려 '학문적 자유'라고 치켜세운다. 나의 교실은 나의 성이요, 다른 영지의 군주는 이곳에서 환영받지 못한다는 태도를 취하는 것이다.

—파커 J. 파머, 《가르칠 수 있는 용기》 중에서

교사라면 모두 공감할 것이다. '나의 교실은 나의 성'이라는 표현이 너무 과한 것 같다가도, 고개를 끄덕일 수밖에 없다. 교사에게 수업이 이루어지는 교실은 굉장히 개인적이며 폐쇄적인 공간이다. 다른 사람이 내가 수업하는 교실을 관찰한다는 생각만 해도 아찔한 기분이 먼저 든다. 사람들 앞에 발가벗겨진 기분이랄까. 대부분 학교에서 1년에 한두 번 공개수업일을 지정하고 실제 운영도 하지만, 정말로 다른 교사가 수업하는 교실에 한 시간씩 들어가 있는 일은 많지 않다. 수석 교사의 대외 공개 수업이나 특별한 연구과제를 운영하는 학교의 대표 수업 등 공식적인 참관 절차가 있는 수업을 제외하고, 수업 참관은 하는 이에게도 보는 이에게도 참 어려운 일이다.

＊　＊　＊

　H고등학교에 근무하던 첫 2년 동안 가장 특별했던 기억을 꼽으라면 열린 교실과 수업 나눔 모임이다. 그 한 해 동안은 진짜 '열린 교실, 열린 수업'을 했다. 말 그대로 교실을 자유롭게 열어두고 언제든 누구든 내 수업을 보러 올 수 있다

고 생각하며 수업을 했다. 반대로 내가 보고 싶은 수업은 사전에 담당 선생님께 양해를 구하고 언제든 보러 들어갈 수 있었다. 그 덕분에 우리 학년실에서는 이런 대화들이 무척 자연스러웠다.

"선생님, 저 다음 시간에 선생님 수업 보러 들어가도 될까요?"

"얼마든지요!"

그뿐만이 아니었다. 수업이 잘 진행되지 않을 때면 다른 선생님들을 내 수업에 직접 초대하기도 했다.

"선생님, 제 수업 한 번만 보러 들어와주시면 안 될까요?"

"그럼요, 들어가 볼게요!"

이 기적 같은 일이 가능했던 것은, 그때 수업을 바라보는 관점이 교사의 수업 기술이나 방식을 평가하는 데 있지 않아서였다. 오히려 수업 장면에서 어려움을 겪는 아이들을 관찰하는 것이 핵심이었다. 아이들이 수업에서 어떤 어려움을 겪는지, 어떤 수업에서만 특별히 활력을 보인다면 그 이유는 무엇일지, 아이들이 수업에서 어떻게 배우고 때론 어떻게 배움에서 멀어지는지를 집중해서 관찰했다. 아이들을 배움의 장으로 이끌기 위해 수업을 열었던 우리는 예기치 않은 또 다른 성과도 얻었다. 아이들은 '선생님들도 혼자가 아니구나'라는 사실을 깨달았고, 함께한 교사 모두는 '내가 혼자가 아니구나' 하는 위로를 받은 것이다.

한번은 B 선생님이 요즘 특정 반의 수업이 너무 힘들다는 고민을 토로했다. 그때 우리의 답은 '우리가 수업을 한번 보러 들어가겠다'였다. 어떤 아이가 수업에서 어떤 어려움을 겪는지, 그로 인해 B 선생님이 수업을 이끌어나가는 데 어떤 고충이 있는지를 직접 관찰해보겠다는 제안이었다. B 선생님은 흔쾌히 수락하셨고 해당 교시에 수업이 없던 학년실 선생님들이 총출동했다. 아이들은 특별한 날도 아닌데 다른 반 담임 선생님들이 교실에 들어와 수업을 참관하자 약간 긴장한 듯했다. 우리는 B 선생님의 수업을 관찰하되, 선생님보다는 아이들의 활동 장면에 집중했다. 특히 선생님이 어려워했던 아이들의 수업 태도를 눈여겨보고 그 아이들이 왜 배움에서 멀어지는지 이해하고자 노력했다.

수업이 끝난 후 우리는 서로가 관찰한 결과를 공유하면서 B 선생님의 어려움에 적극적으로 공감을 표현했다. 이후 B 선생님의 수업이 곧바로 수월해진 것은 아니었지만 적어도 '나의 어려움을 동료들이 함께 나누고자 한다'라는 믿음은 생겼을 것이다.

　이런 일이 일상이 되면서 학년실에서는 아이들과 수업에 관한 이야기가 끊이지 않았다. 좋은 수업 내용이 있으면 교과와 관계없이 공유하고 서로의 수업에서 장점을 찾아내 칭찬하길 주저하지 않았다. 우리는 각자의 수업에서 고군분투하고 있었지만 누구도 혼자는 아니라는 믿음이 있었다. 그 믿음은 한 달에 한 번 있던 수업 나눔 모임을 통해 점차 확고해졌다.

✳ ✳ ✳

　수업 나눔 모임은 학년 부장님이 주축이 되어 한 달에 한 번, 심지어 퇴근 시간 이후에 이루어졌다. 말 그대로 수업 이야기를 나누는 모임으로 아무런 대가가 따르지 않았다. 매달 모임의 호스트가 돌아가며 정해졌고 호스트는 자신이 수업에서 시도하는 여러 방식, 그런 과정에서 생기는 고민과 어려움을 가감 없이 털어놓았다. 수업 나눔 모임 전에 호스트 선생님의 수업을 미리 참관하기도 했다. 동료 교사의 수업 이야기에서 내 수업에 적용할 아이디어를 얻고 그의 고민에 깊이 공감하기도 했다. 내 수업에서 어려움을 겪는 아이가 특정 수업에서는 활력을 보이는 사실을 알게 되면서 아이를 이해할 폭도 무한히 넓어졌다. 이해할 수 없던 아이들의 행동이 다른 선생님들과 이야기를 나누다 보면 충분히 그럴 만한 것으로 여겨지기도 했다.

모임에서 나는 서기 역할을 자청했다. 누가 시킨 것도 아닌데 그 모임이 너무 좋아서 어떤 역할이라도 하고 싶었다. 모임 내내 오가는 말들을 모두 타이핑했다. 선생님들의 말을 하나라도 놓칠까 봐 쉴 새 없이 타닥타닥 자판을 두드렸다. 모임이 끝나고 늦은 퇴근을 하면 다시 컴퓨터 앞에 앉아 그날의 내용을 정리했다. 나름대로 기록지 형식을 만들어 수업을 나누어주신 호스트 선생님의 말씀과 모임에서 오간 이야기, 덧붙여 나의 마음을 담은 문장을 썼다. A4 용지를 앞뒤로 꽉꽉 채운 글 한 편을 써내고 나면 언제나 새벽 한두 시가 훌쩍 넘어 있었지만 한 번도 그 일이 힘들거나 부담스럽다고 여기지 않았다.

다음 날 아침이면 이른 출근을 해서 전날 새벽까지 열심히 쓴 수업 모임 후기를 선생님들의 책상 위에 하나하나 올려놓았다. 선생님들은 너 나 할 것 없이 그 후기를 정말 좋아해주었다.

"그냥 떠든 것 같은데 샘이 이렇게 써주니 우리가 대단한 모임을 한 것 같아요!"

대단한 모임을 한 것 같은 게 아니라 실제로 우리는 정말 대단한 모임을 했다. 교사에게 수업을 연다는 것이 얼마나 어려운 일인지 알던 우리가, 가감 없이 서로의 수업을 들여다보고 서로 배우며 더 나은 수업으로 나아가려 노력하던 값진 시간이었으니까.

당시 함께 근무했던 선생님 중 두 분은 이제 수석 교사가 되었다. 누구보다 수업 연구에 열심이고 더 많은 교사를 행복한 수업의 장면으로 초대하고 싶어 한다. 그때 나눈 수업에 대한 진심이 두 분에게도 큰 영향을 미치지 않았을까 조심스레 예상해본다. 돌이켜보니 나 또한 수업을 기록하고 수업 나눔 후기를 작성했던 그때의 기억과 감각이 지금 이 글을 쓰는 데까지 이어진 것 아닐까 싶다.

기적은 계속되고 있다.

함께 배우고 성장하는
국어 수업

중학교에서 근무하는 동안에는 강의를 거의 하지 않는 대신, 아이들이 직접 해볼 수 있는 탐구 활동을 많이 했었다. 문학 작품을 배우는 시간에도 내가 설명하고 분석해주는 것이 아니라 아이들 스스로 작품을 이해해볼 수 있도록 질문지를 구성하여, 때론 짝끼리 때론 모둠끼리 대화를 통해 작품을 들여다보게 했다. 문법도 새로운 문법 지식을 설명할 때만 짧게 강의를 하고 구체적인 예시를 찾는 것은 아이들에게 맡겼다. 내가 알려주면 십 분이면 될 것을 아이들 스스로 찾아내게 하면 사십오 분이 꼬박 필요했다. 그래도 이 방식을 고수했다. 이유는 분명했다. 나의 설명을 집중해서 듣고 자기 것으로 만들 수 있는 아이는 열 명도 채 되지 않았기 때문이다. 스스로 읽고 쓰며 발견한 내용은 훨씬 더 많은 아이에게 오래 남을뿐더러, 다수의 아이가 수업에 참여할 수 있는 유일한 방법이라고 믿었다.

중학교에서 고등학교로 근무지를 옮길 때, 고등학교에서는 입시가 중요하니 중학교에서 하듯이 학생이 주축이 되는 활동 중심 수업을 하기는 어려울 것이라는 말을 자주 들었다. 정해진 시간 동안 최대한 많은 제재를 다루어주는 것이 중요하고 수능 시험을 위한 문제 풀이 수업도 마다할 수 없다고 했다. 국어 교과의 '본질' 같은 허상보다는 고득점을 위한 '효율성'에 더 마음을 쏟아야 한다고도 했다. 그게 열심히 공부하는 아이들을 위한 일이라고도.

다른 말에는 흔들리지 않았는데, '아이들을 위하는 일'이라는 말에서는 멈칫할 수밖에 없었다. 아이들에게는 수능이 너무나 중요한 시험이고 입시는 고등학교 생활의 종착지였다. 나도 그 시험을 거쳐 교사가 되었고 아이들도 그 시험을 무사히 거쳐 무언가가 될 것이었다. 그런데 내가 본질을 고민한답시고, 아이들의 필요를 무시해도 되는 걸까. 본질과 필요는 양립하기 어려운 것일까. 꼬리에 꼬리를 무는 질문들로 잠 못 드는 밤이 이어졌다.

수업이란 무엇인가. 스스로에게 근원적인 질문을 자주 던졌다. 학교 수업에서만 할 수 있고 학교 수업이기에 해야하는 것에 대해 고민하며, 교사가 되기 전 과외와 학원 강사 아르바이트를 하던 때를 자주 생각했다. 과외와 학원 수업에서 내가 가장 집중했던 것이 바로 효율성이었다. 하나의 제재를 가르칠 때, 시험에 나올 만한 부분을 잘 짚어주는 것이 효율적인 수업이었다. 수업을 통해 아이들의 사고를 확장시킨다는 생각은 별로 하지 않았다. 오로지 다음 시험에서 좋은 성적을 거둘 수 있도록 예상 문제를 잘 추려내고 아이들이 실수 없이 시험에 임할 수 있도록 반복 지도하는 데 수업의 목표를 두었다. 고등학교에서는 효율성을 고려한 수업을 해야 한다는 조언을 들었을 때 마음 깊은 곳에서 뾰족한 반발심이 고개를 든 것은 '그렇다면 학원 수업과 학교 수업의 차이점은 무엇인가. 둘의 목표가 같다면 학교의 존재 이유는 무엇인가'라는 의문이 들어서였다.

학원 수업은 필요에 의해 모인 아이들을 대상으로 했다.

그러므로 수업 목표도 분명했다. 학교 시험에서 좋은 성적을 얻도록 지원하는 것. 하지만 학교에 모인 아이들은 필요와는 무관했다. 일반계 고등학교라고 해서 모두 대학 진학을 목표로 하지는 않았다. 중학교와 마찬가지로 공부를 하러 오는 아이도 있었지만, 그저 가야 한다고 하니 오는 아이도 있고 친구들을 만나러 학교에 오는 아이도 있었다. 더욱 중요한 것은 고등학교는 결코 대학 입시를 위해 존재하는 곳이 아니라는 점이었다. 만약 학교 수업이 입시를 위한 효율성에만 목표를 둔다면 상당수의 아이들이 수업에서 소외될 게 분명했고 고등학교는 입시 준비 기관으로 전락할 터였다.

배움이 있는 수업을 하고 싶었다. 무엇을 배우는지도 모르는 채 흐릿한 눈으로 교실에 앉아 있는 아이들을 보고 싶지 않았다. 조금 비효율적이더라도 학교 수업에서만 할 수 있는 것을 꿈꿨다. 아이들과 문학을 나누고 문법을 왜 배워야 하는지 생각해보며, 좋은 글을 읽고 생각을 쓰고 말해보는 수업을 할 수 있다면 얼마나 좋을까 상상했다. 그 안에서 모든 아이가 하나의 배움에 닿을 수는 없겠지만 저마다의 상황에 맞는 배움에 닿을 수 있기를 소망했다.

＊ ＊ ＊

　나름의 해답을 찾아가는 동안에도 시간은 흘렀다. 매주 어김없이 새로운 수업 시간이 돌아왔고 나는 내가 할 수 있는 최선을 다해 열심히 활동지를 만들었다. 활동지에는 내가 수업 시간에 아이들에게 던지려는 질문을 위계적으로 배열해놓았다. 활동지에 적힌 질문이 바로 수업에서 다룰 제재와 아이들 사이를 이어주는 매개였던 셈이다. 그렇다 보니 좋은 질문을 만들기 위해 고심을 거듭해야 했다. 단순하게 답을 찾을 수 있는 사실적 질문도 있었지만 추론을 통해서만 답을 찾을 수 있는 질문이나 가치 판단을 위한 질문, 비판적으로 사고해야 하는 질문도 있었다. 아이들은 활동지의 질문을 매개로 짝이나 모둠 친구들과 함께 표면에 드러나지 않은 내용을 추론하고 인물들에 대한 가치 판단을 내려보기도 하며 수업 제재를 자발적으로 씹고 뜯고 맛보았다. 이것이 내 수업에서 일어나는 활동이었다.

　활동이라는 단어가 주는 뉘앙스 때문에 내 수업을 오해하는 사람들이 많았다. 교과적 지식을 깊이 있게 다루지 않고 교과 내용과 무관한 미술 활동 등을 하는 것으로 말이다.

내가 설계하는 수업 활동은 '지적 활동'에 가까웠다. 그래서 내 수업에서는 활동지 한 장과 수업에서 다루는 제재(교과서, 때로는 내가 직접 선정한 텍스트의 출력물), 필기구 외에 다른 어떤 교구도 필요하지 않았다.

아이들이 활동하는 동안 나는 계속 교실을 순회하며 활동에 어려움을 겪는 아이들을 개별 지도하고 모둠 활동이 잘 진행되지 않는 모둠을 지원했다. 모둠 활동이 끝나면 반드시 전체 공유 시간을 가졌다. 각 모둠의 생각을 고루 들어보고자 했고, 그러면 내가 시키지 않아도 아이들끼리 대화가 이어졌다.

"아니, 우리 생각은 다른데?"

"그건 아니지. 우린 이렇게 정리했거든!"

"오! 그거 좋다. 다시 한 번 말해줘봐!"

아이들 사이에서 일어나는 수업 대화를 듣는 건 기적 같았다. 내가 직접적으로 개입하지 않아도 아이들은 서로 배웠다. 내 역할은 수업 시작 전에 중요한 질문을 만들어 활동지로 잘 제작하는 일, 수업 시작 후에는 아이들의 활동이 잘 진행될 수 있도록 교실을 순회하며 개별 지도를 하는 것이었다. 여기에 더한다면 아이들 사이에 이어지는 전체적인 공유를 지켜보며 적절한 순간에 나의 의견을 한두 마디 보태거나 혹시나 아이들의 대화가 영 엉뚱한 방향으로 흐를 때 다시 맥을 바로 잡아주는 정도. 물론 수업 이후의 피드백은 반드시 필요한 과정이었다. 아무래도 나의 직접적인 설명이 부족하니 사고의 오류가 발생할 수도 있었다. 그런 일을 방지하고자 수업이 끝나면 활동지를 모두 걷어 와 아이들이 메모한 내용을 하나하나 살펴보고 피드백이 필요한 경우 짧은 피드백을 써서 돌려주었다.

당시 내가 가장 많이 받았던 질문은 이것이었다.

"선생님, 이렇게 수업하면 시험은 어떻게 해요?"

아이들은 두려워했다. 교사의 말로 일목요연하게 정리되지 않은 활동지를 믿지 못했다. 어떤 아이들은 내가 질문의 답을 한 번 더 정리해서 말로 불러주거나 판서해주기를 바라기도 했다. 뚝심 있게 버텼다. 아이들이 흔들릴 때마다 "너희들이 대화하고 방금까지 공유한 생각이 모두 옳아. 그러니 두려워하지 않아도 돼"라고 말해주었다. 그럴 수 있었던 것은, 답의 방향이 명확한 질문들은 서로 사용한 표현이 달랐을 뿐 본질적으로 모두 같은 내용이었기 때문이다. 답의 방향이 정해져 있지 않은, 말 그대로 자기 생각 쓰기 활동은 정답이 따로 없기에 내가 정리를 해줄 이유가 없었다.

* * *

　한동안 불안해하던 아이들이 수업을 즐기기 시작한 것은 한 계절이 바뀌던 여름쯤이었다. 몇 달이 지나도 내가 수업 방식을 고수한 데다 중간고사를 치렀음에도 큰 탈이 없었기 때문이다. 여기에 보태어 내가 수업 준비에 열의를 다한다는 것과 한 명의 아이도 놓치지 않으려 애쓴다는 걸 아이들도 고스란히 느꼈던 덕분인 것 같다.

　시간이 지날수록 아이들은 수업 시간에 능동적인 모습을 보여주었다. 내가 강의로 일관된 내용을 전달하지 않더라도 저희들끼리 내용을 정리해나갔고 그 속에서 소외되는 아이도 점차 줄어들었다. 내가 일방적으로 전달했다면 벌써 몇은 꿈의 나라로 사라졌을 테지만, 아이들끼리 서로 배우는 분위기가 형성되자 수업 중에 자는 아이들을 찾아보기 어려워졌다. 뒤처지는 아이들을 채근하는 것도 아이들이었고, 쓸데없는 말로 수업 분위기를 흐리는 아이들을 제지하는 것도 아이들이었다. 수업을 통해 지식을 전달하고 받는 데 그치지 않고, 삶을 나누고 생각을 공유하며 함께 배우는 즐거움을 조금씩 알아가는 아이들이 그저 사랑스러웠다.

아이들은 수업을 통해 함께 배우고 성장하고 있었다. 물론 배움과 성장의 결과가 모두 같지는 않았다. 어떤 아이는 제재를 깊이 읽고 사고하는 지극히 이상적인 모습을 보여주었지만, 어떤 아이는 한 시간 동안 활동지를 여백 없이 채우는 것만으로도 충분했다. 그 자체가 모두에게 일종의 성장이라 평가할 수 있었다. 어떤 아이는 한 시간 내내 엎드리지 않는 것만으로도 성장이었다. 어떤 아이는 처음으로 끝까지 읽어본 문학 작품이 생긴 것만으로도 성장이었고, 어떤 아이는 모둠 활동을 주도해본 경험 자체가 성장이었다. 또 전혀 다른 맥락에서 어떤 아이는 처음으로 교사와 좋은 관계를 맺어본 경험이 제 나름의 성장이었고, 어떤 아이는 모둠 활동에서 소외되지 않은 것만으로도 성장이었다. 모두 저마다의 상황에서 각자의 성장에 이르고 있었다.

활동지의 질문을 만들고 아이들의 활동지에 매시간 피드백을 하는 일에는 엄청난 체력과 에너지가 필요했다. 계속해서 교실을 순회하며 수업에서 이탈하는 아이를 챙기고 엉뚱한 방향으로 흐르는 모둠 대화를 다시 수업으로 데리고 오는 일도 만만치 않았다. 가끔은 무엇 때문에 이렇게까지 수업에 매달리는지, 나 스스로가 이해되지 않아 괴로운 밤도 많았다.

> 요컨대, 수업의 표면에서는 교사가 학생을 가르침으로써 아이가 성장하지만, 그 이면에서는 교사가 자신의 한계를 깨닫고 불안을 느끼며, 그 한계를 넘어서기 위해서 노력하는 가운데 성장해간다. 아마도 여기에 수업의 또 다른 의미가 있을 것이다.
>
> —서근원, 《수업을 왜 하지?》 중에서

홀로 수업의 의미를 고민하는 것은 때때로 내게 말 못 할 고통을 안겨주었다. 그러나 수업이 시작되고 아이들이 재잘재잘 배움을 나누는 소리를 듣다 보면, 사각사각 배움을 글로 써내는 기적을 보다 보면 거짓말처럼 괴로움이 사라졌다. 스스로의 한계를 넘어서기 위한 발버둥 속에서 나도 성장하고 있었다. 아이들과 나는 수업이라는 하나의 시공간에서 저마다의 성장통을 겪으며 조금씩 나아가고 있었다.

멀리 가려면
함께 가라

최근 뉴스에 학생 지도와 학부모 대응에 지쳐 생을 달리하신 선생님들의 소식이 속속 들려온다. 그런 기사를 접할 때면 한동안 깊은 슬픔에 빠져 무엇을 어찌해야 할지 갈피를 잡을 수 없다. 아마 자기가 겪지 않은 일이라고 해서 남의 일이라고 생각하는 교사는 아무도 없을 것이다. 언제든 내 일이 될 수 있는 일이라는 선명한 감각에 몸이 떨리고 마음이 무너져 내리는 게 당연하다. 우리는 저마다 개인이지만 모두가 교사라는 집단에 속해 있으니까.

가장 안타까운 점은 비극적인 선택을 한 선생님들에게 학교생활의 어려움을 나누고 함께 견뎌나갈 동료가 없던 경우가 많았다는 것이다. 중학교에 근무하던 시절, 담임으로서 너무나 다루기 힘든 아이들을 매일 상대해야 했을 때, 그래서 정말 이대로 가다가는 학교를 그만둘 수도 있겠다고 생각했을 때, 누구보다 나의 힘듦을 잘 알아준 건 동료 교사들이었다. 학교 바깥에 있는 사람들에게 우리의 어려움을 아무리 토로해봤자 깊은 공감을 얻기 어려웠다. 오랜 친구들이나 가족들에게 고통스러운 학교생활을 실컷 이야기해도 마지막엔 항상 이런 대답이 돌아왔다.

"그래도 교사는 안정적인 직업이잖아. 끝까지 버텨봐."

"좀만 참으면 방학이잖아. 얼마나 좋냐. 몇 달만 견디면 해외여행도 갈 수 있잖아."

가족이나 친구들의 공감 능력이 떨어져서가 아니었다. 그게 교사의 어려움을 대하는 일반적인 시선이었다. 실제로 교사는 혼란스러운 시국에도 자리를 보전할 수 있는, 이 시대에 극히 드문 안정적인 직업이고, 게다가 긴 휴가처럼 보이는 방학이 있으니까. 그들의 말은 일견 일리 있어 보이기도 했다. 하지만 정말 출근을 하는 것이, 교실 문을 열고 들어가는 것이 지옥처럼 느껴지는 날들이 이어지면 안정이나 방학 따위는 아무런 위안이 되지 않았다.

마음을 나누는 동료들과 대화를 하면 좀 달랐다. 속속들이 이야기하지 않아도 마음의 무게를 알아차렸고 때론 아무 말 하지 않아도 내가 짊어진 짐을 정확히 짐작했다. 함부로 '버텨라' '견뎌라' 말하지 않았고, 섣불리 '괜찮아질 거다' '나아질 거다' 단언하지 않았다. 그 대신 실질적인 심리적 지지 기반이 되어주었다. 대부분이 이미 겪어본 일이라, 혹은 앞으로 자신이 겪을지도 모르는 일이라, 남의 일처럼 여기지 않았다. 그 마음만으로도 버틸 힘이 생겼고 견딜 이유가 선명해졌다. 2년 차에 힘든 학급의 담임을 맡아 전전긍긍할 때, 주변 선생님들에게 큰 도움을 받은 경험은 이후 교직 생활에 큰 거름이 되어주었다. 내 반과 네 반 아이들을 구분하며 동료 교사의 어려움을 모른 척하는 교사는 되지 않겠다는 생각이 시나브로 내 안에서 뿌리를 내리고 있었다.

✻ ✻ ✻

고등학교에 와서 2년 연속 담임을 하면서는 마음이 통하는 아이들을 많이 만났다. 운이 좋았다는 말로밖에는 설명할 수 없는 일이었다. 속 썩이는 아이가 왜 없었겠는가마는 그래도 내 선에서 감당할 수 있었고 충분히 이해하고 받아들일 수 있는 아이들이었다. 더디더라도 기다려주면 변화하는 아이들이었고 믿어주면 끝내는 믿음에 화답하는 아이들이었다.

아이들은 나의 개인사에서도 큰 사건을 함께해주었다. 첫해 담임을 맡은 아이들은 비밀리에 치르려고 했던 나의 결혼 소식을 어떻게 알았는지, 나도 모르게 결혼식 축가를 준비해 결혼식장을 웃음과 눈물바다로 만들었다. 둘째 해 맡은 아이들은 내가 첫 아이를 임신해 엄청난 입덧으로 병가와 병조퇴를 반복하던 때, 담임 없는 교실을 티 나지 않게 지켜주었다. 심지어 한번은 내가 교실 문 앞에서 쓰러져 119에 실려 간 적이 있었는데, 그때 나를 제일 먼저 발견하고 보건 선생님과 학년 선생님을 차례로 불러온 뒤 보호자처럼 내 곁을 끝까지 지켜주기도 했다. 그렇게 2년 동안 우리 반 아이들과 나는 교사와 학생 사이를 넘어, 인간 대 인간으로 더없이 사랑하고 사랑받는 시간을 보냈다.

＊　＊　＊

　　나와 달리 같은 학년 선생님 중에는 학급 아이들로 인해 힘들어하는 선생님도 있었다. 같은 문제 행동을 여러 번 반복하는 아이, 서슴없이 교권을 침해하는 아이, 의도적으로 수업을 방해하는 아이, 무리를 이루어 교우 관계에 문제를 일으키는 아이, 복잡한 가정사로 학교생활을 등한시하는 아이……. 만약 내가 주변 선생님들의 도움으로 어려움을 극복한 경험이 없었다면, '우리 반 아이들도 아닌데 뭐, 나는 지금 충분히 아이들과 잘 지내고 있는데 굳이 다른 반까지 신경 쓸 필요가 있겠어?'라며 눈을 감고 귀를 닫았을지도 모르겠다. 다행히 과거의 경험 덕분에 다른 반 아이들과 담임 선생님들의 어려움이 쉽게 눈에 들어왔다. 간혹 담임 선생님과는 대화가 되지 않지만 교과 선생님과는 대화가 되는 아이들이 있었다. 아무래도 담임 선생님은 학교에서 부모 같은 역할을 하다 보니 오히려 아이들과 벽이 생기곤 했다. 그런 아이들 중에 나와 대화하는 게 좀 더 편한 아이들의 상담을 자청했다.

　　"제가 ○○이와 한번 이야기해볼까요?"

혹여나 학급의 어려움을 공유하고 싶지 않을 수 있으므로 먼저 아이의 담임 선생님에게 조심스럽게 물었다. 다행히 그해 나와 함께한 선생님들은 모두 "선생님이 이야기 좀 해주시면 너무 좋죠"라며 나의 제안을 감사히 받아주었다. 우리 반도 아닌 아이와 마주 앉아 이야기를 나누는 일은 또 다른 마음을 내어야 가능했다. 물론 나와 이야기를 나누었다고 해서 단번에 그 아이의 생활이 달라지는 기적은 전혀 일어나지 않았다. 다만 아이는 학교에서 마음 붙일 어른이 한 명 더 생겼다고 여겨주었고, 아이의 담임 선생님은 혼자 아이들 앞에 내던져진 게 아니라는 느낌에 위안을 받는다고 표현해주었다. 그거면 되었다고 생각했다.

더 신기했던 건 그런 마음을 낸 것이 비단 나뿐만이 아니었다는 사실이다. 당시 학년실에 있던 모든 선생님이 나와 같이 다른 반 아이들과 동료 교사에게 힘을 실어주었다. 혼자가 아니라 함께가 되어. 우리는 내 반 네 반 할 것 없이 힘든 아이들을 서로 보듬었고 가슴 깊이 품었다. 열한 명의 선생님 모두 성격과 개성이 달랐기에 이해할 수 있는 아이들도 달랐고 대화가 되는 아이들도 달랐다. 그 덕분에 쉬는 시간과 점심시간이면 학년실은 늘 소란했다. 모든 선생님 옆에는 각자의 사연을 털어놓는 아이들이 있었다. 학년실에 울리는 기분 좋은 소음이 사계절 내내 봄날처럼 따스한 볕을 만들어내던 장면을 아직도 잊을 수 없다.

> 교사단이란 영어의 'faculty'라는 단어에 대응합니다. 단순한 의미로 보면 지금, 동시기에 교육에 종사하는 선생님들을 말합니다. 그 멤버들의 방법과 이념이 서로 달라도 좋다고 저는 생각합니다. 왜냐하면 교사단의 역할은 결국 하나밖에 없기 때문입니다. 그 역할이란 바로 집단의 차세대를 성숙으로 이끄는 것입니다. (중략)
>
> 아무리 교육역량이 높은 교사라도 모든 아이를 볼 수는 없습니다. 사람에겐 저마다의 주파수가 있으므로 주파수가 잘 맞는 아이도, 전혀 맞지 않는 아이도 있을 수 있겠죠. 거기에 불만을 느낄 필요는 없다고 생각합니다. 파장이 맞지 않는 아이는 다른 주파수를 가진 선생님들이 보면 됩니다. 여러 선생님이 각자 다른 시선으로 아이의 다양한 면모를 보는 겁니다.
>
> —우치다 타츠루,《완벽하지 않을 용기》중에서

그때 우리가 믿었던 말은 '빨리 가려면 혼자 가고, 멀리

가려면 함께 가라'는 것이었다. 빨리 가려던 마음을 내려놓고 멀리 가기를 선택했던 우리는 언제 어느 순간에도 혼자가 아니었다. 우리는 우리가 한 팀(교사단)이라는 사실을 의심하지 않았다. 누가 알려준 것도 아닌데 우리가 복수형의 교사라는 사실을 믿고 받아들이고 있었다. 개별 존재로서 아이들 앞에 내던져진 것이 아니라 모두 한마음이 되어 아이들을 성숙으로 이끌고자 애쓰고 있다고 믿었다. 저마다의 주파수로 아이들을 살피는 진심을 내었고 서로 다른 주파수를 신뢰하며 존중했다.

인간은 혼자가 아닌 함께일 때 삶의 파도를 더 잘 헤쳐나갈 수 있다. 이것은 명백한 사실일 뿐 아니라 우리가 몸소 경험한 기적이었다. 부디 그러한 기적이 다른 학교에서도 계속 일어나기를, 그리하여 교사들이 서로를 지키며 학교생활에서 진짜 행복을 느낄 수 있기를 조심스럽게 바라본다.

첫 교생 선생님을 만나다

2016년은 나에게 여러모로 특별한 해였다. 담임으로 만난 아이들도 특별했지만 내 짧은 교직 경력에서 유일하게 교육실습생(이하 교생) 지도를 한 해이기도 했다. 일반계 고등학교에서는 교생을 잘 받지 않는데 그해 H고등학교는 교생을 꽤 많이 받았다. 대체로 예체능 교과의 교생이었지만 놀랍게도 그중에 국어과 교생이 세 명이나 있었다.

얼마나 앳된 얼굴이었는지. 스물셋의 나도 저렇게 푸르렀을까 싶을 정도로, 봄빛으로 가득했던 세 명의 국어과 교생 선생님은 곧바로 내 담당이 되었다. 셋은 같은 대학 동기라고 했다. 친구끼리 같은 학교에 실습을 나오게 되어서 좋다고 말하면서도, 떨리고 긴장된 모습을 조금도 숨기지 못했다. 교사로서 오랜 꿈을 품은 채 실습을 나온 선생님도 있었고, 교사의 길이 정말 자신의 길인지 고민 중인 선생님도 있었다. 저마다의 열망과 고민을 품고 학교 현장에 나온 선생님들이었지만 모두의 눈빛에서는 초심자의 열정과 설렘이 고스란히 묻어났다. 눈을 반짝이며 "한 달 동안 잘 부탁드립니다!!" 하고 인사하는 세 사람을 바라보는데, 문득 박성우 시인의 〈아직은 연두〉라는 시가 떠올랐다. 무르익은 초록이 아닌, 풋풋한 연두를 노래한 시구들을 되뇌며 세 사람을 시로 쓰면 꼭 그런 시가 될 것 같다고 생각했다. 풋내 어린 연둣빛 열매 같지만 곧 짙고 선명한 제 빛깔을 찾아갈. 그들이 초록빛으로 여물어갈 여정에 함께할 수 있음이 기꺼웠다.

교생 지도는 가외의 업무이므로 대부분의 교사가 선호하지 않았다. 교생 일지 관리나 수업 평가 등 업무적으로도 부담이 크지만 내가 들어가는 모든 수업과 담임 시간에 교생이 동행하다 보니 심적인 부담은 더 컸다. 그 부담을 모두 떠안기에 당시 나의 경력은 보잘것없었으나 어쩐지 나는 교생 지도가 부담보다 설렘으로 다가왔다. 임용에 합격한 지 6년쯤 흘렀을 때였으므로 임용 시험을 준비하던 때의 긴장과 간절함이 조금씩 잊히고 있을 무렵이었다. 교생 지도를 하다 보면 그때의 간절함이 되살아나 새로운 동력이 되지 않을까 기대했다. 나아가 선생님이 되고자 하는 그들의 간절한 여정에 내가 조금이라도 좋은 에너지를 불어넣어줄 수 있다면 더없이 아름다운 시너지를 일으킬 것도 같았다.

✻ ✻ ✻

기대와 설렘, 두근거림으로 시작한 교생 지도 업무는 이내 부담과 긴장으로 바뀌었다. 노련하고 성숙한 교사로서의 본을 보여야 한다는 부담이 점차 현실감 있게 다가왔다. 6년 차 교사가 매사 노련할 리 없었고, 성숙이라는 단어도 나와는 거리가 멀었다. 무슨 배짱으로 교생을 세 명이나 지도하겠다고 나섰나, 뒤늦게 후회해봐도 달라지는 건 없었다.

세 사람은 교생이라는 호칭이 부끄럽지 않게 정말로 열심히 배우고자 했다. 내가 담임으로서 아이들을 대하는 태도, 수업을 설계하고 운영하는 방식, 활동지에 들어갈 질문을 만들고 배열하는 방법, 심지어 내가 아이들 앞에서 하는 말이나 행동까지 유심히 관찰할 정도였다. 부담이 컸지만 그만큼 더 열심히 하게 된 것도 사실이었다. 나를 평가하기 위한 관찰이 아니라 배우고 익히기 위한 관찰이라고 생각하니 오히려 더 마음을 바로 세우게 되었다. 지금 내가 보이는 태도가 세 사람의 교직 인생에 미약하나마 힘을 보탤 수 있다고 생각하니 마음의 허리가 곧추서는 게 느껴졌다.

참관과 관찰이 전부이던 2주 차를 지나 3주 차가 되던 때에는 교생 선생님들의 수업 실습이 예정되어 있었다. 이제껏 관찰한 내 수업을 참고하여 세 사람 각자 자기에게 맞는 수업을 설계하기 시작했다. 당시에 내 수업은 디귿 자 자리 배치를 활용한 활동 위주였기에 그런 수업을 처음 설계하는 교생 선생님들로서는 어려움을 많이 겪을 수밖에 없었다.

"선생님 수업을 그냥 보기만 할 때는 '아, 좋은 수업이다. 아이들이 지루해하지 않는구나' 정도로만 생각했는데 막상 비슷하게 꾸려보려니 너무 어려워요."

"활동지에 들어갈 질문을 만드는 게 이렇게 어려운지 몰랐어요. 교육학에서 발문이 중요하다고 배웠는데, 해보니 정말 중요하다는 걸 알겠어요. 좋은 질문 만들기가 쉽지 않아요."

　때때로 터져 나오는 하소연을 들으며, 어쩌면 이들도 하필 나 같은(?) 지도 교사를 만나서 굳이 안 해도 될 고생을 하고 있구나 싶었다. 다행히도 교생 선생님들은 수업에 대한 내 신념을 믿고 지지해주었다. 하소연을 하면서도 제대로 된 활동지를 만들어보고 싶다는 열의를 숨기지 않았고 막히는 부분이 있으면 질문하기를 주저하지 않았다. 나 또한 적극적으로 돕고 싶었다. 공강 시간이면 한 명 한 명 따로 만나 준비하는 수업의 방향을 묻고 수업 설계나 활동지 제작 과정을 지도했다. 이제껏 내 수업 준비에만 열을 올리다 누군가의 수업 준비를 적극적으로 돕다 보니 처음 기대한 대로 새로운 에너지가 솟는 듯했다. 기계적으로 수업을 준비하던 안일함에서 벗어나 수업 하나하나를 준비하는 과정이 얼마나 특별한지 새롭게 깨닫는 순간이 많았다.

✳ ✳ ✳

　교생 선생님들의 수업 실습이 차례로 진행되었다. 어떤 수업은 무리 없이 흘러갔지만 어떤 수업은 진행 자체가 어렵기도 했다. 준비한 만큼 다 쏟아내고 교실을 나서는 얼굴에는 안도의 미소가, 준비한 것의 절반도 하지 못하고 교실을 나서는 얼굴에는 좌절의 눈빛이 묻어났다. 그 마음을 너무 잘 알 것 같아서, 비단 교생 선생님의 수업이어서 그런 게아니라는 말을 잊지 않고 해주었다. 원래 모든 수업이 그러하다고. 수업은 교사 혼자서 잘 준비한다고 잘 되는 게 아니라 학생들과의 호흡이 너무도 중요한 것이라 어쩔 수 없다고. 충분히 잘 준비하셨으니 그걸로 되었다고. 나 역시 어떤 수업은 마치고 나서 기쁜 마음이 들지만 어떤 수업은 울고싶은 심정이 되어 교실을 나서기도 한다고. 아마 그들에게내 말은 별 위로가 되지 못했을 것이다. 교생 입장에서 바라보는 지도 교사의 수업은 대체로 무던하게 잘 흘러가는 듯보였을 테니까. (절대 아니라고 다시 한 번 더 말씀드리고 싶다. 나에게도 수업은 늘 어려운 영역이다.)

* * *

시간은 빠르게 흘렀다. 처음에는 서로가 어색해서 다가가지도 못하던 우리 반 아이들과 교생 선생님들은 서슴없이 서로에게 말을 걸고 장난을 칠 만큼 가까워졌다. 수업 시간에 교생 선생님과 함께 교실에 들어가면 괜히 쭈뼛거리던 다른 반 아이들도 어느 순간부터 나보다 교생 선생님들을 더 찾을 정도가 되었다. 교생 선생님들의 눈빛에서도 변화가 느껴졌다. 수업을 참관할 때 어떤 것을 주의해서 봐야 할지 몰라 아이들과 같이 내 수업을 듣고 있었다고 고백하던 1주 차와는 확연히 달라진 모습이었다. 직접 수업을 설계해 보며 수업을 바라보는 시선이 학생의 관점에서 교사의 관점으로 옮겨 간 것이다. 본인들은 느끼지 못했을지 몰라도 몇 주 동안 그들을 지켜본 나에게는 눈에 띄는 성장이었다.

※ ※ ※

마지막 한 주는 도통 어떻게 흘러갔는지 모르겠다. 교생 선생님들은 그새 정든 우리 반 아이들과 아쉬운 마음을 나누느라 분주했고, 나는 지도 일지를 정리하고 수업 평가서를 쓰느라 분주했다. 교생 선생님들이 마지막으로 출근하던 날, 꼭 오랜 제자를 떠나보내는 마음이 되어 눈시울이 붉어졌던 기억이 난다. 한 명 한 명 꼭 안아주며 애써 눈물을 삼켰다. 그리고 우리 꼭 다시 교직에서 만나자고 약속했다. 그때는 못다 한 수업 이야기를 나누며 더 많은 시간을 함께하자고.

반 아이들도 울고 나도 울고 교생 선생님들도 울고, 그렇게 눈물 바람으로 이별한 우리는 얼마 전 정말로 교직에서 다시 만났다. 수년 전에 지도 교사와 교생으로 만났던 우리는 이제 동료 교사가 되었다. 아쉽게도 함께 근무하는 행운까지는 없었지만 교직에서 서로의 안부를 확인할 수 있다는 사실만으로도 참 기뻤다.

앞으로 교생 지도를 하게 되는 날이 또 올지 모르겠다. 일반계 고등학교에 근무하는 한 쉽지 않을 것이다. 그래도 혹시 그런 기회가 찾아온다면 열정으로 가득한 교생 선생님들을 다시 만나고 싶다. 내가 교직에서 배우고 깨달은 모든 것을 나누어 드리고, 그들이 품은 교직에 대한 순수한 열망과 간절함에 나 역시 흠뻑 물들고 싶다.

너의 엄마가
되어주어도 될까

인터넷 기사를 보다가 진태현, 박시은 부부가 대학생을 딸로 입양했다는 기사를 접했던 날을 잊지 못한다. 신선한 충격이었다. 보통 입양이라고 하면 영유아가 그 대상인데, 이미 다 자란 성인을 입양한다니? 숨은 사연이 궁금해서 부부가 출연한 예능 프로그램과 여러 기사를 찾아보다가 어느 인터뷰 내용을 읽는데 가슴이 쿵 울렸다.

그는 이어 "○○이가 앞으로 졸업하고 취직도 해야 하고 사랑하는 사람 만나 결혼도 해야 하는데 가정을 꾸리기 전까지 앞으로 혼자서 해야 할 일들이 너무 많다"면서 "저희 부부는 이제 ○○이에게 이모 삼촌을 멈추고 진짜 엄마 아빠가 되어주기로 했다"고 설명했다.

—'배우 진태현-박시은 부부, 대학생 딸 입양', 〈연합뉴스〉

기사의 내용처럼 성인이 되었다고 끝이 아니었다. 나의 이십 대를 돌아봐도 그랬다. 이십 대가 되고 삼십 대가 되고 나이를 먹어가도 기댈 곳은 늘 필요했다. 십 대 때처럼 생계를 책임지는 차원이 아니라 인생의 선배로, 멈추어 쉬어 갈 그늘로. 마음속으로 두 부부가 정말 대단하다는 생각이 듦과 동시에 한 아이의 얼굴이 선명하게 떠올랐다.

＊ ＊ ＊

교사로 일하며 많은 아이를 만났지만 그중에서도 유난히 아픈 손가락 같은 아이가 있었다. 여러 가정사를 겪으며 상처를 품은 채 내게 온 C였다. 속은 까맣게 썩어 들어가고 있을 텐데 아무에게도 들키지 않으려 겉으로는 누구보다 씩씩

하고 밝은 척을 하던 아이. C를 품은 순간부터 이상할 정도로 나는 그 아이의 삶 속에 발을 딛고 싶었다. 아마도 다른 아이들과 달리 지독할 정도로 마음의 문을 꽁꽁 잠그고 있는 게 느껴졌기 때문일 것이다.

C가 문을 닫아걸수록 나는 그 닫힌 문을 두드리고 싶었다. 하지만 너무 적극적으로 두드렸다가는 더 단단한 자물쇠로 마음을 잠가버릴까 봐 처음에는 한 발 떨어진 곳에서 아이를 챙겼다. 무심한 듯 C가 받을 수 있는 장학금을 챙기고 학교 프로그램에 참여하도록 독려했다. 그러는 한편, 작은 잘못에도 더 쓴 잔소리를 하고 다른 아이들과 같은 잘못을 해도 더 크게 꾸짖기도 했다. 가정에서 아이를 붙잡아줄 동아줄이 없었기에, 막연하지만 내가 그런 존재가 되어야 한다고 생각했다.

한 해가 저물어갈 때까지도 C는 나에게 특별한 마음을 드러내지 않았지만 학기 초에 비해 확연히 나를 믿고 의지한다는 게 느껴졌다. 아이를 오래 품어주고 싶었지만 이런저런 사정으로 내가 학교를 떠나면서 우리의 공식적인 관계는 끝이 났다.

그러나 학교를 떠나서도 C가 계속 마음에 밟혔다. 학교에 남은 다른 선생님들을 통해 종종 아이의 소식을 들었다. 나를 처음 만났을 때만 하더라도 세상에 대한 불신으로 자기를 꽁꽁 가두고 있던 C는, 스스로를 가둔 알을 깨고 세상으로 나아가고 있는 듯했다. 미래를 위해 더 열심히 공부하고 있다는 소식이, 학교생활을 성실히 하고 있다는 소식이 들려왔다. 안심하면서도 더 오래 곁에 머물러주지 못했다는 미안함은 거둘 수 없었다. C도 내가 꽤 그리웠는지 종종 문자와 메일로 제 소식을 전해왔다. 가늘고 길게 우리의 인연은 이어졌다.

C가 수능을 보던 해에는 응원 문구를 각인한 펜을 선물했다. 수능 시험장에서 내가 준 펜을 사용할 수는 없겠지만 '네 곁에는 너를 무한히 응원하는 내가 있다'는 마음을 전하고 싶었다. 그 펜이 C를 지켜줄 부적이 되면 좋겠다고 생각했다. 지금 생각해도 왜 그렇게까지 C가 마음에 남았는지 모르겠다. 내가 만난 어떤 아이보다도 외로워 보여서, 세상의 무게를 너무 일찌감치 걸머진 것 같아서였을까. 혼자인 것처럼 느껴질지라도 너는 결코 혼자가 아니라는 메시지를 끊임없이 주고 싶었다.

얼마 후 C는 대학생이 되었다. 원하던 대학의 원하던 과에 당당히 합격한 아이를 보며 꼭 내 딸이 대학에 합격한 것 같은 기쁨을 느꼈다. 대학생이 된 C는 전보다 연락이 뜸해졌지만 나는 그 사실마저 반가웠다. 원하던 대학에 입학했고 성인이 된 만큼 가정사에서도 조금은 자유로워졌으리라, 그래서 굳이 나를 찾지 않아도 웃을 일이 많아졌으리라 생각했다. 완벽한 착각이었다.

성인이 된 이후 C는 뒤늦은 후유증을 크게 앓는 중이었다. 깊은 우울에 사로잡혀 갈피를 잡지 못하고 방황하면서도 나를 찾을 엄두조차 내지 못한 거였다. 그러면서도 스승의 날이나 나의 생일이 다가오면 잘 지내고 있다고, 감사하다고, 긴 메일을 써 보냈던 것이다. 나는 그것만 믿고 정말로 아이가 잘 지내고 있다고, 잘 이겨나가고 있다고 생각했다.

C는 대학 4학년이 되어서야 그동안 겪었던 우울감을 조심스레 털어놓았다. C에게는 미처 말할 수 없었지만 그때 내가 느낀 죄책감은 이루 말로 표현하기 어려웠다. 딸처럼 여겼던 C가 그토록 무너져 내리는 동안 아무것도 몰랐다는 사실이 너무 괴로웠다. C는 이전에 그랬듯 또 씩씩한 척하며 이제는 많이 괜찮아졌다고 담담히 이야기했다. 옅은 웃음까지 띠며 말하는 그 모습이 너무 쓸쓸해 보여서 속으로 많이

울었다.

내가 C의 엄마가 되어주고 싶다는 구체적인 생각을 한 것은 진태현, 박시은 부부의 기사 덕분이었지만, 돌이켜보면 나는 늘 그 아이의 엄마이고 싶었던 것 같다. 지켜야 할 선이 있고 때가 되면 감사 인사를 전해야 하는 선생님 말고, 괜한 투정도 부리고 짜증도 부리지만 힘들 때면 주저 없이 기댈 수 있고 특별한 날이 아니어도 생각나는 엄마 같은 존재가 되어주고 싶었다.

'너만 괜찮다면, 내가 너의 엄마가 되어주어도 될까?'

혹여나 아이의 상처를 건드리는 말이 될까 봐 며칠을 망설이다 C에게 문자를 보냈다. 다른 이야기를 한참 하다가 문득 C에게 물었다. 아이에게 온 답은 '너무 좋아요'였고, 우리는 그날 이후로 사제지간이 아닌 모녀지간이 되었다.

＊ ＊ ＊

C는 남은 대학 생활을 잘 마쳤고 이제는 나의 후배 교사가 되었다. 상처 많았던 청소년기를 잘 보내고 자기처럼 상처 입은 아이들의 마음을 살필 줄 아는 멋진 선생님이! 임용

최종 합격 발표의 순간, 우리는 한 공간에 있지 못했지만 휴대전화로 연결되어 있었다. 발표 시간이 되어 C가 합격자 조회 버튼을 클릭하는 소리가 들렸다. 잠시 뒤 "합격이에요!"라며 C가 오열하던 순간, 전화 너머의 나도 오열하고 있었다. 드디어 네가 해냈구나. 이렇게 또 하나의 산을 무사히 넘어갔구나. 대견하다. 장하다. 기특하다. 세상의 모든 귀한 말을 다 선물해주고 싶었다.

> 존재 자체만으로 자신에게 주목해주는 사람이 한 명은 있어야 사람은 살 수 있다. 생존의 최소 조건이다. 이해관계 없이도 무조건 나를 사랑하고 지지해주는 가족 같은 관계, 최소한 나를 의식이라도 하는 사람이 세상에 반드시 존재하는 이유도 그 때문이다.
>
> —정혜신, 《당신이 옳다》 중에서

처음 만났을 때, 너무나 위태로워 보이던 C에게 단 한 사람이 되어주고 싶었다. 아이의 모든 배경을 지우고 존재 자체만으로 주목하는 한 사람이. 너라는 존재는 충분히 가치 있다는 마음을 전하려 애썼다. 그 마음이 온전히 가닿아 아이의 지친 마음이 이 험한 세상에서 무사히 버텨낼 수 있기를 간절히 바랐다.

법적으로 보자면 우리는 완벽한 타인이다. 서로의 삶에 어떠한 책임도 없다. 하지만 살아가는 데 법이 뭐 그리 중요한가 싶다. 나는 아이에게 다가올 삶의 모든 기쁨과 슬픔을 함께하겠다 다짐했고 아이는 자신의 기쁨과 슬픔을 나에게 나눠주겠다 다짐했으니. 그렇게 우리는 이미 마음으로 엄마와 딸이 되기로 했고 이제는 스승의 날은 건너뛰어도 어버이날에는 꼭꼭 문자를 주고받는 사이가 되었다.

이제 와 생각해보면 나는 그 아이에게 준 것보다 받은 것이 많다는 생각이 든다. 아이와 맺은 특별한 관계 덕분에 더 좋은 교사가, 더 좋은 어른이, 더 좋은 사람이 되고 싶어졌으니까. 그것만으로도 나는 아이의 존재가 내게 온 사실에 무한히 감사하는 마음이 된다.

참, 이번 어버이날에도 C에게서 문자가 왔다.

'엄마, 고맙습니다.'

'사랑한다, 딸아.'

'ㅠㅠ, 너무 따숩네요.'

'엄마와 딸 사이는 늘 따숩지.'

색색의 봄으로 피어난 아이들

5월의 마지막 금요일, 중간고사도 치르기 전부터 아이들을 들뜨게 했던 체육대회가 열렸다. 지난 3년간 코로나19로 인해 모든 학사 일정이 축소 혹은 폐지되면서 체육대회나 현장체험학습(과거의 소풍), 졸업여행과 수학여행 등은 꿈도 꿀 수 없었다. 그러니 무려 3년 만에 열리는 체육대회였던 것이다!

내가 가르치는 고1 아이들은 체육대회의 기억이 중1에 머물러 있다고 했다. 중학교에 갓 입학해 초등학생 태를 채 벗지 못한 때에 경험한 체육대회가 처음이자 마지막이라고. 체육대회의 꽃은 개성 있는 반티를 맞춰 입는 것이라고 생각하는 아이들에게 중1 때의 체육대회는 별다른 의미가 없었다.

사회적 거리두기 조정안이 속속 발표되고 일상으로의 복귀가 속도를 내면서 예정되어 있던 체육대회가 취소되지 않으리라는 확신이 생기자 아이들은 슬슬 들뜨기 시작했다. 5월 첫 주에 중간고사가 있었지만 그때부터도 아이들은 반티 이야기를 하느라 여념이 없었다. 아마 담임 선생님들은 속이 터졌을지도 모르겠다. 담임이 아닌 나는 한 걸음 뒤에서 아이들을 바라보는 입장이라, 오랜만에 느껴보는 아이들의 설렘이 그저 싱그럽게만 느껴졌다.

반티는 '우리 반'이라는 소속감을 표현하는 데 목적이 있는지라 다른 반과 겹치지 않도록 정하는 것이 암묵적인 규칙이다. 그러니 마음에 드는 반티를 입으려면 다른 학년, 다른 반에서 반티를 정하기 전에 재빨리 주문서를 넣어야 한다. 그러나 반 안에서 의견 일치를 보는 게 쉽지가 않다. 저마다의 개성을 가진 스물대여섯 명이, 그것도 남녀가 섞여 있는 데다 심지어 자기주장 강한 사춘기 아이들끼리니 당연한 일이다. 빨리 주문서를 넣은 반의 경우에는 마음이 잘 맞았거나 단합이 잘되었을 수도 있지만 소수의 희생과 양보 혹은 몇몇 목소리 큰 아이들의 입김이 작용했을 확률도 높다.

중간고사가 끝나자 본격적으로 반티 선점 전쟁이 시작되었다. 서로 의견 일치가 안 되어서 5월 내내 냉기가 철철 흐르는 반도 있었고, 같은 디자인을 선택하고는 "우리가 먼저 정했어" "아니, 우리가 먼저 주문했어" 하며 싸움 직전까지 간 반도 있었다. 날짜가 임박해오는 데 반티 배송이 되지 않아 오매불망 택배만 기다리는 반도 있었고, 택배가 잘못 와서 교환 절차를 기다리며 발을 동동 구르는 반도 있었다. 딱 하루, 그것도 반나절 정도 입는 옷을 위해 한 달 가까운 시간을 처절할 정도로 깊이 고민하는 아이들을 보며 혀를 차는 어른들도 있을 거다. 과거의 나도 그중 한 사람이었으니까.

5년 만에 현장에서 아이들을 만나며 아이들의 일상복이 무채색에 국한되어 있음을 알게 되었다. 1학년이라 생활복(교복)을 하복부터 입는 바람에 3, 4월에는 아이들의 사복을 엿보게 되었는데, 하나같이 검정, 회색, 혹은 아주 짙은 남색(검은색과 거의 구분 불가), 흰색이었다. 그나마도 청바지를 입고 오는 아이들 덕분에 색감이 있었지 그게 아니었다면 정말 무채색의 향연이었을 것이다.

모든 아이가 무채색을 무척 좋아해서 그렇다고는 생각할

수 없었다. 아이들이 들고 다니는 소지품을 보면 분홍에 주황에, 노랑에, 빨강에, 온갖 유채색이 다 섞여 있었다. 그럼에도 옷만은 무채색을 고집하는 건 교실 안에서 나만 노란색 옷을, 연분홍색 옷을 입을 수는 없다는 생각 때문이 아닐까. 그건 너무 튀는 일이니까. 그렇게 튀어서 주목받는 건 부담스러우니까. 나만 별난 아이가 아니라 자연스럽게 섞이는 아이로 보이고 싶으니까. 물론 이건 전부 경험에 비추어본 내 추측이다. (그냥 유채색의 옷이 예뻐 보이지 않을 수도 있다.) 생각해보면 나도 대학에 입학하고 나서야 유채색 옷을 입었던 것 같다. 그제야 내가 집단 속의 한 명을 벗어나 개인으로 보이기 시작했으니까.

아무튼 우여곡절 끝에 모든 반 아이들이 반티를 맞춰 입었다. 무채색의 향연이던 학교에 분홍, 빨강, 파랑, 붉으락푸르락 봄이 피었다. 날씨마저 무척 좋았다. 푸른 하늘 아래에서 아이들은 정말 오랜만에 웃고 소리치고 노래하고 춤추고 달리고 뛰어넘었다. 그런 아이들을 먼발치에서 지켜보는데 왜 울컥하는 건지.

'저 아이들, 살아 있다!'

순간 느낀 감정은 '생동감'이었다. 팔딱팔딱 뛰는 아이들의 심장 소리가 운동장 전체를 가득 채운 듯한 느낌. 처음 보는 체육대회도 아니었는데 그런 느낌은 정말 처음이었다. 맨날 엎드려 잠만 자던 아이가 이어달리기 선수로 서 있는 걸 보고 확신했다. 이 느낌은 정말 '살아 있는 존재'에게서 뿜어져 나오는 생명력, 거기서 기인한다고.

겨우 반나절, 네다섯 시간 남짓한 행사였지만 아마 아이들에게는 학교 오는 즐거움을 만끽한 하루가 아니었을까 싶다. 내일이면 이날의 기억은 신기루처럼 흩어지고 다시 일상이 되겠지만. 그래도 아이들의 기억 속에 늦봄과 초여름 사이 단 하루의 시간이 따사롭고 열정 넘치던 추억으로 남기를 바라본다.

3부

다시 교사로 서다

더욱 사랑하기 위한 시간

육아 휴직이 길었다. 두 아이의 출산 휴가까지 포함하면 4년 5개월이라는 긴 시간 동안 학교를 떠나 있었다. 겨우 신규 태를 벗고 고등학교로 옮겨와 수업과 학생 지도, 업무 등에 익숙해졌을 때였다. 한참 아이들과 추억을 만들고 수업으로 동료 교사들과 깊이 있는 소통을 하던 때기도 했다. 첫 아이를 출산하기 직전까지 일하다가 만삭이 되어서야 출산 휴가에 들어가던 나에게 주변 선생님들은 이렇게 말했다.

"선생님은 얼마 못 쉬고 복직할 것 같아요. 학교가 그리워서 절대 오래 못 쉴 거예요."

들을 때마다 고개를 끄덕였다. 학교가 좋았고 동료 선생님들이 좋았다. 아이들이 좋은 건 더 말할 것도 없었고. 학교를 오래 떠나 있는 건 쉬이 상상하기 어려운 일이었다. 그런데 한편으로는 내 아이를 내 손으로 키우고 싶다는 열망도 컸다. 아이를 키우는 경험은 다른 무엇으로도 대체할 수 없는 일인 것만 같았다. 아이를 키우는 동안 교직을 떠나 있어야 할 테지만 도태되지 않을 근거 없는 자신감도 있었다. 교직에 있는 동안 정말 열심히 했으니 그만큼의 에너지로 육아에도 최선을 다하고 싶었다. 그리고 학교로 돌아오는 날, 후회도 미련도 없이 돌아오면 좋겠다고 생각했다.

＊ ＊ ＊

두 아이를 2년 터울로 출산한 데다 코로나라는 예상치 못한 변수까지 생겨 5년 가까이 휴직을 했다. 5년이라니! 휴직에 들어가던 때 나의 교직 경력은 갓 7년 차에 접어들던 때였으니 거의 일을 한 기간만큼 쉰 것이나 마찬가지였다. 복직을 결정하고 복직 날을 기다리며 얼마나 두근거리고 떨렸는지 모른다. 다시 신규가 된 마음으로, 몇 학년을 가르치게 될지 어떤 업무를 맡게 될지 기대했다.

희한하게 두려운 마음은 크게 들지 않았다. 육아를 하면서 생명을 기르고 키우는 일에 내공이 쌓인 것 같았다. 내 아이를 낳고 키우다 보니 세상 모든 아이가 얼마나 귀하게 태어나고 얼마나 사랑받으며 자라는지 저절로 알게 되었다. 학교로 돌아가 만날 아이들도 모두 그렇게 귀하게 사랑받으며 자라 내 품에 온 아이들일 것이라 생각하니 한 명도 허투루 대해서는 안 되겠다는 다짐도 섰다. 급기야는 이미 나를 거쳐 간 아이들이 차례로 떠오르며 혹시라도 그 아이들에게 실수한 것은 없는지, 귀함을 모르고 함부로 대한 적은 없는지 반성하는 마음까지 들었다.

아이들을 대하는 마음에 일어난 변화 못지않게 수업을 준비하는 마음에도 변화가 일어났다. 교사로서의 일은 잠시 쉬었지만 그동안 세 권의 책을 썼고 많은 독서 모임에 참여했다. 국어 교사였지만 학교에 근무할 때는 오히려 짬을 내기 어려워 수업에 필요한 책만 겨우 읽던 터였다. 육아 휴직 기간에도 짬을 내는 건 쉽지 않았지만 도태되지 않겠다는 마음, 결국에 나는 국어 교사로 돌아가야 한다는 책임으로 다양한 책을 많이 읽었다. 혼자 읽는 게 어려울 때는 온·오프라인 독서 모임에 참여하며 책으로 대화하는 법을 익히고, 거기서 익힌 방법들을 나중에 독서 수업에서 어떻게 적용할 수 있을지 고민했다.

책을 쓴 것은 더욱 특별한 경험이었다. 교직에 있던 때에 가장 어려운 수업이 작문 수업이었다. 나도 글쓰기가 익숙하지 않다 보니 아이들에게 글쓰기를 지도하는 게 너무도 어렵게 느껴졌다. 어디서부터 어떻게 가르쳐서 아이들의 글쓰기를 도와야 할지 막연하기만 했다. 그러나 휴직한 동안 꾸준히 글을 쓰고 출판까지 하게 되면서 내가 시도한 방법을 바탕으로 아이들을 도울 수 있겠다는 확신이 섰다.

복직할 때만 하더라도 코로나의 기세가 남아 있던 때라 온라인 수업을 하는 경우가 있었다. 복직 날짜가 정해지고 복직 연수를 받으면서 온라인 수업에 대해 열심히 공부했다. 3월이 되기 전, 패들렛이나 구글 클래스룸, 구글 미트 등 학교에서 활용하는 다양한 온라인 수업 매체를 미리 익혔다. 유튜브에 올라온 플랫폼 활용법도 직접 시험해보면서 현장에서 바로 써먹을 수 있도록 틈틈이 연습했다. 휴직 전과는 달라진 교육과정도 여러 번 읽어보았다. 교육부나 교육청 사이트에 올라온 교육과정 관련 강의도 챙겨 보았다. 햇수로 5년 만에 학교로 돌아가지만 낯선 세계에 그냥 내던져지고 싶지 않았다. 계속 이어서 일하던 선생님들과 비교할 수는 없겠지만 적어도 내 몫은 해내는 교사가 되고 싶었다. 엄마로서 살았던 시간이 결코 뒷걸음질 치던 시간이 아니었음을 스스로 증명하고 싶기도 했다.

$$* \quad * \quad *$$

두려운 마음 대신 설레고 두근거리는 마음으로 돌아간 학교는 기대 이상의 행복을 안겨주었다. 새롭게 만난 아이들과는 다행히 합이 잘 맞았고 함께 일하는 동료 선생님들도 좋은 분들이셨다. 엄마의 마음으로 바라본 아이들은 더욱 예뻤고 작가의 마음으로 준비한 수업은 더욱 다채로워졌다. 낯선 업무를 맡았지만 부서 부장님의 도움으로 내게 주어진 몫만큼은 해낼 수 있게 되었다. 두려운 마음이 없었다고 했지만 기저에 불안함까지 없을 수는 없었다. 하늘은 스스로 돕는 자를 돕는다고 했던가. 감사하게도 많은 조건이 나의 복직을 도와주는 것 같았다. 오랜 휴직 끝에 한 복직이었지만 적어도 1인분 정도는 해내고 있는 것 같아 다행인 날들이었다.

"선생님은 진짜 얼마 못 쉬고 복직할 줄 알았는데, 5년을 채웠네요. 학교 나오고 싶어서 어떻게 참았대요?"

신규 시절부터 나를 알던 선생님들은 나의 오랜 휴직을 정말 신기하게 여겼다. 워낙 학교에 에너지를 많이 쏟던 나였으니 그런 반응에 공감할 수밖에 없었다. 나도 내가 어떻게 그렇게 오랫동안 학교를 떠나 있었는지 모르겠다. 다만 복직 이후의 내 모습을 곰곰이 돌아보면 학교를 더 사랑하기 위해 잠시 학교를 떠났던 게 아닐까 싶다. 아이를 키운 경험으로 학교에서 만날 아이들을 더 깊이 이해하고 품어주기 위해, 좀 더 많이 읽고 쓴 경험으로 제대로 된 국어 수업을 설계하고 실천할 용기를 얻기 위해 잠시 멈출 시간이 필요했던 게 아닐까.

어쨌든 학교로 돌아온 지금이 너무 행복하다. 누구 엄마가 아닌 '허서진 선생님'으로 불릴 때면 그 호칭만으로도 가슴 깊은 곳이 한없이 충만해지는 느낌이 든다. 이 글을 쓰고 있는 지금도, 당장 학교로 달려가고 싶다. 이건 병인가. 병이라면 약도 없는 병이긴 하다.

선을 넘는 교사로
살아갈 용기

교실 문을 열고 들어가니 아이들의 좌석 배치가 바뀌어 있었다. "자리 바뀌었네?" 알은체를 하니 지난번에도 제일 앞자리에 앉았던 한 아이가 이번에도 앞자리 당첨이라며 "아, 샘~! 저 이번엔 진짜 뒤에 앉고 싶었는데요!" 하고 볼멘소리를 했다. 짝이 없는 1열 배치에서 아이들의 희비를 가르는 유일한 조건은 앞자리냐 뒷자리냐, 중앙이냐 창가 쪽이냐 하는 것뿐이다. 아이들에게 최악의 자리는 교탁 바로 앞, 그러니까 앞자리인 데다 심지어 한가운데이기까지 한 자리다. 그러고 나면 나머지 앞줄 자리가 차악이 된다. 아마 앞자리를 뽑은 아이들은 당황과 좌절을 두루 느꼈을 것이다. 끝내는 한 달만 버텨보자며 스스로를 위안했겠지만.

　아이들이 앞자리를 싫어하는 이유는 분명하다. 공부를 잘하건 못하건 그 자리는 부담스러우니까. 교사인 나도 학생의 신분이 되어 연수를 들으러 가면 제일 앞자리만은 피하고 싶다. 기습적인 질문을 받을 때의 당혹감, 연수 내내 집중해야 할 것 같은 압박감을 느끼고 싶지 않아서다. 뒷자리에서는 연수 강사와 눈이 마주쳐도 덜 부담스러운데 제일 앞자리에 앉아서 코앞에 선 강사와 눈이 마주칠 때면 심장 박동이 빨라지는 느낌마저 든다. 아이들은 오죽할까. 선생님이 한 시간 내내 바로 앞에서 수업을 한다고 생각하면 없던 긴장도 생길 게 분명하다. 딴짓을 못 하는 것은 기본이고 고개도 숙이면 안 될 것 같고 엎드리는 건 상상도 못 하고…… 생각만 해도 숨이 턱 막힐 것이다.

✳ ✳ ✳

　교사에게는 넘기 힘든 선이 있다. 눈에 보이지 않지만 너무도 견고한 선. 바로 교탁을 기준으로 가로로 그어진 (보이지 않는) 선이다. 내가 학교에 다닐 때만 하더라도 모든 교실에 턱이 높은 커다란 교단이 있었다. 선생님들은 수업 시간 대부분을 교단에 서 있었으므로 선생님을 보려면 고개를 빳빳이 들어야 할 정도였다. 지금은 교단이 교사라는 직업을 상징하는 단어로만 남았고 현실에서는 사라졌지만, 교단의 위치만큼은 아직 유효하다.

교탁을 기점으로 칠판 쪽(과거의 교단 위치)은 교사의 영역이다. 이 영역에는 교사가 수업에 필요한 여러 도구를 놓을 수 있는 교탁이 있고 칠판 혹은 전자 칠판, 수업용 텔레비전이 있다. 교탁을 기점으로 학생 자리 쪽은 학생의 영역이다. 이 두 영역은 실재하지 않는 선으로 무척 견고하게 분리되어 있다. 수업 시간에 학생이 이 영역을 넘나드는 것은 교권에 대한 도전이다. 칠판 앞에서 열심히 강의하는 선생님의 영역에 사전 동의도 없이 들어서는 학생이 있다면 그건 뭔가 문제가 있는 것이다.

그렇다면 수업 시간에 교사가 이 영역을 넘나드는 것은 어떨까. 내 생각에 그것은 두려움과 맞서는 일이다. 스물대여섯 명의 학생들이 앉아 있는 영역으로 한 명의 교사가 발을 딛는 데는 실로 큰 용기가 필요하다. 학생들의 영역에 들어선 순간, 교사의 영역에서는 보이지 않던 것들이 보인다. 보고 싶지 않았던 것들도 보아야 한다. 다른 과목 공부를 하는 학생(그나마 다른 과목 공부면 낫다. 휴대전화를 몰래 보거나 맥락 없는 딴짓을 하고 있는 학생들도 많다), 엎드려 잠을 청하는 학생(조는 건 양반이다), 실컷 설명한 시간이 무색할 정도로 깨끗한 활동지와 교과서를 펴놓고 있는 학생(아예 다른 페이지를 펴놓거나 가끔 다른 교과서를 펴놓은 학생도 있다)…….그런 모습을 정면으로 마주하겠다는 용기가 없으면 결코 넘을 수 없는 선이다. 아이들 역시 그런 점을 알기에 앞자리만 피하면 된다는 생각을 한다. 뒷자리로 갈수록 교사의 영역에서 멀어지니 얼마나 마음이 편안할 것인가.

신규 시절, 나는 이 선을 넘는 것이 무척 두려웠다. 못 보고 못 듣고 넘어가면 아무 일도 없을 텐데 굳이 그걸 보고 들으며 상처받을 필요가 있나 싶었다. 그때는 아이들 사이로 거침없이 들어가는 것이 꼭 적진을 향해 걸어가는 것 같았다. 아이들이 나에게 적대적이지 않은데도 그랬다. 그냥 두 눈을 질끈 감고 두 귀를 적당히 닫고 있으면 쉽게 편한 순간들이 올 것만 같았다. 예전에도 결국 나는 선을 넘는 쪽이었지만, 지금만큼 담대한 마음은 먹지 못했다. 두려움을 안고도 책임감으로 넘고 또 넘었을 뿐이다. 그 때문에 상처받는 날도 많았다.

* * *

나는 요즘 용기 있게 선을 넘는다. 매시간 깨지고 부서질 각오를 하며 넘고 또 넘는다. 수업 중에 선을 넘는 것도 모자라 교실에 들어갈 때부터 아예 앞문으로 들어가지 않고 뒷문으로 들어가기도 한다. 어느 날 문득 교사가 꼭 앞문으로 들어가야 한다는 법이 있나 싶은 생각이 들었다. 천연덕스럽게 뒷문으로 들어가 교실을 한 번 훑고 지나갔다. 그러자 신기하게도 어수선한 교실이 더 빨리 정리되었다. 앞문으로 들어가 "얘들아, 종 쳤어. 수업 준비하자"라고 외치는 것보다, 뒷문으로 들어가며 쉬는 시간 내내 잠들어 있던 아이들을 깨우고 수업 준비가 되지 않은 아이들과 눈인사를 하며 신호를 보내는 것이 훨씬 덜 힘들었다. 늘 뒷자리에만 앉아 있던 아이들과 수업 시작 전에 눈맞춤을 할 수 있게 된 것은 덤이었다.

수업 시간에 간단한 강의를 해야 할 일이 있더라도 칠판 앞, 교실 중앙, 심지어 가끔은 교실 뒤를 활용했다. 파워포인트를 보여주어야 할 때는 레이저 포인터를 사용했고, 필기가 필요할 때는 패드를 들고 다녔다. 아이들과 가까운 자리로 가서 한 명 한 명과 눈을 마주치기 위함이었다. 칠판 앞에 서서 드문드문 눈을 마주치는 것과 아이들 자리 곁으로 가서 눈을 마주치는 것은 결과적으로 크게 달랐다. 얼마 지나지 않아 아이들은 내가 교실 여기저기에 머무르는 것에 익숙해졌다. 딴짓하는 아이들의 수가 급격히 줄어들었고 멍하게 있는 아이들도 훨씬 줄었다. 딴짓을 하거나 멍하게 있다가도 내가 곁에 다가가 서면 부리나케 수업 장면으로 들어왔다.

모르긴 몰라도 아이들은 매시간 "(선생)님아, 그 강(선)을 건너지 마오"라고 외치고 싶을 것이다. "제발 거기 가만히 서서 수업 좀 하시라고요"라며 대놓고 말하고 싶을지도 모른다. 그럼에도 불구하고 선을 넘는 이유는 딱 하나다. 대단한 언변도 없고 아이들에게 카리스마를 뽐낼 체구도 못 되는 내가 아이들을 수업으로 데리고 올 수 있는 유일한 방법은 영역의 경계를 허물어 아이들의 배움에 함께하는 것뿐이어서다.

그러니 아이들이 속으로 아무리 싫어하고 미워해도 어쩔 수 없다. 앞으로도 나는 계속해서 선을 넘는 교사로 살아볼 예정이다. 두렵지만 용기 내볼 작정이다.

수업을 잘하는 교사는
아닐지라도

복직 이후에도 강의는 꼭 필요할 때가 아니면 하지 않는다. 강의식 수업에 참여할 수 있는 아이들은 학급에 많아봤자 열 명이 채 되지 않는다는 것을 경험을 통해 알고 있어서다. 매시간 모둠 활동이나 짝 활동을 구성해서 시도하는 데는 엄청난 에너지가 들지만 수업 시간에 엎어지는 아이들을 보고 있는 게 더 힘든 나로서는 다른 방법이 없다.

그렇다 보니 모둠 편성은 한 학기 수업의 질을 결정하는 아주 중요한 작업이다. 어떤 식으로 모둠을 짜느냐에 따라서 아이들의 입과 귀가 열릴 수도 있고 그렇지 않을 수도 있다. 아이들이 수업 시간에 입과 귀를 연다는 것은 무척 중요한 의미다. 그것은 곧 수업에 능동적으로 참여한다는 뜻이니까.

과거에는 모둠을 짤 때 수업 태도와 성적을 적절히 고려하는 것을 기본 원칙으로 했다. 그러면 아무래도 성적이 좋고 열심히 하는 아이들이 모둠 활동을 주도하기에 교사로서 모둠 수업을 이끌기가 좀 수월했다. 문제는 그렇게 모둠을 짜면 상위권 아이들이 무임승차하는 아이들 때문에 힘들어하는 일이 종종 생긴다는 것이었다. 게다가 하위권 아이들은 아이들대로 자신들의 역할이 미비하다고 생각해서 모둠 활동에 능동성을 발휘하지 않았다. 드러내놓고 말하지 않아도 아이들은 서로의 성적을 어느 정도 알고 있었다. 교사가 성적을 고려해서 모둠을 짰다는 사실을 눈치채는 순간, 그 사실 자체에 자존심이 상해 수업에 흥미를 잃는 아이들도 생겼다.

복직 이후, 모둠을 짤 때 가장 중요하게 고려한 것은 아이들 간의 관계성이었다. 코로나를 겪으면서 아이들의 관계성이 상당히 달라졌다는 느낌을 받았다. 한 반에 있다고 해도 모두가 친구는 아니었다. 반 친구라는 말 자체가 무색해졌다. (반 친구보다 반 아이가 자연스러웠다. 우리 반에 있는 아이일 뿐, 친구는 아니라는…….) 그도 그럴 것이 같은 반에서 1년을 생활하더라도 각별한 사이가 아니라면 마스크를 벗은 진짜 얼굴을 볼 일이 없었다. 얼굴도 모르는데 어떻게 친구라고 말할 수 있을까.

과거에는 한 학기쯤 지나면 대부분의 아이가 자기 반 친구들의 이름은 물론이고 번호까지 줄줄 외웠다. 외우려고 해서 외운다기보다는 한 학기쯤 같은 공간에서 생활하다 보면 절로 그렇게 되는 거였다. 지금은 같은 반인데도 이름조차 모르는 경우가 있었다. 이 거짓말 같은 상황이 현실이었다. 아이들은 자기와 친하다고 생각하는(마스크 속 얼굴을 공유하는) 친구 외의 반 아이들에게 관심이 없었다. 진짜 관심이 없는 건지 분위기가 그렇게 만든 건지 알 수는 없지만 정말로 그랬다.

이런 성향의 아이들과 모둠 수업을, 대화가 중심이 되는 수업을 하려고 했으니 복직 첫 학기에는 정말 힘이 들었다. 나도 아이들과 관계가 끈끈하지 않은 상황에서 아이들 간의 관계를 파악하기가 쉽지 않았다. 그렇다 보니 임의로 모둠을 구성하기가 어려워 앉은자리를 기준으로 모둠을 할 수밖에 없었는데 그게 잘 될 리 없었다.

* * *

시간이 스승이라고 했던가. 한 학기가 지나고 다음 학기가 되자 아이들 간의 관계성이 눈에 보였다. 친한 무리도 눈에 띄고 자세히는 몰라도 서로를 불편해하는 아이들도 눈에 들어왔다. 성향이 잘 맞을 것 같은데 기회가 없어서 대화 한 번 해보지 않은 듯한 아이들도, 어떤 기회가 생기든 대화의 물꼬를 트지 못할 것 같은 아이들도 보였다. 두 번째 학기에는 모둠을 편성할 때 최대한 아이들의 관계성을 고려했다. 내가 다 알 수 없는 내밀한 부분도 있을 것 같아 아이들에게 쪽지도 받았다.

쪽지에는 '함께 모둠 활동을 해보고 싶은 친구/ 같이 모둠을 하면 시너지를 낼 수 있을 것 같은 친구'와 '어떤 이유에서든지 함께 모둠 활동을 하기 어려운 친구(다툼이 있었거나, 갈등 상황이 있었거나 등등)'를 쓰게 했다. 절대 비밀 보장이라는 약속도 했다. 아이들은 솔직했다. 짐작했던 문제도 있었고 의외의 문제도 있었다. 이렇게 짜면 저 아이가 걸리고 저렇게 짜면 이 아이가 걸리는 상황이 계속 반복됐다. 관계성을 따지자면 아이들에게 맡기는 것이 더 나은가 싶기도 했지만 그럼 소외되는 아이가 생기는 상황을 해결하기 어려울 것 같았다. 아이들이 낸 쪽지를 바탕으로 모둠을 짜는 데 꼬박 일주일이 걸렸다.

모둠을 발표하는 날, 아이들은 무척 긴장된 모습이었다. 모둠 구성원을 쓴 파워포인트 화면을 교실 텔레비전에 띄우자 당황해하는 아이들도 눈에 띄었다. 다행히 크게 저항하는 아이들은 없었다. 적어도 여덟 개 반 가운데 일곱 개 반은 그랬다.

한 반에서 문제가 발생했다. 모둠을 발표했더니 두 모둠의 아이들이 사색이 되었다. 분명히 저희들이 써낸 쪽지를 모두 반영해서 짠 것인데 왜 저런 표정일까 생각하며 그 차시 수업을 마쳤다. 역시나 예상대로 두 모둠의 리더 역할을 맡은 아이들이 교무실을 찾아왔다.

A 모둠의 리더는 모둠 내에 자신을 제외한 세 아이가 자기 의견을 전혀 말하지 않는 아이들이라 이대로는 모둠 활동이 힘들 것 같다고 했다. 그러고 다시 살펴보니 내가 놓친

지점이 보였다. 하지만 반 전체에 모둠을 공지한 상황에서 어떻게 교체할 수 있을지 고민스러웠다. B 모둠의 리더와 마주했다. 그 아이는 정말 울상이 되어서 같은 모둠에 배정된 남학생과 1학기 때 교제를 하다가 헤어졌다고 했다. 맙소사. 이성 교제까지는 다 고려하지 못했다. 왜 쪽지에 써내지 않았냐고 물었더니 확률이 너무 떨어져서 굳이 말하지 않았는데 이렇게 될 줄은 꿈에도 몰랐다고 했다. 다행히 두 모둠에 교체 가능한 아이들이 보였다. 두 아이를 불러 상황을 설명하고 모둠을 바꿔도 되겠냐고 물었더니 다행히 두 아이 모두 반색하며 좋아했다. 그렇게 무사히 모든 반의 모둠 편성이 끝났다.

우여곡절 끝에 모둠 구성을 하고 나니 본격적인 수업이 시작되기도 전에 너무 많은 에너지를 쓴 것만 같았다. 정말 몇 날 며칠 잠 못 이루며 아이들의 명단을 보고 또 봤으니 그럴 만도 했다. 그러나 그 과정에서 뜻밖의 수확도 있었다. 한 학기 동안 수업을 했어도 몰랐던 아이들의 속사정을 꽤 많이 알게 되었다는 점이다. 어쩐지 아이들과 한 걸음 더 가까워진 느낌을 받았다. 아이들도 꼭 나와 같은 느낌을 받았던지 이후 나를 부쩍 더 가깝게 대했다. 수업을 잘 해내기 위해 아이들의 관계를 살폈을 뿐인데 아이들과 나 사이의 관계가 깊어진 신기한 경험이었다. 아이들은 내가 자기들의 사정에 귀를 기울인다는 사실에 마음을 열었고 나는 아이들의 사정을 들여다보며 아이들의 영역에 성큼 들어선 기분을 느꼈다. 우리 사이에 생긴 신뢰는 이후 수업에서도 큰 시너지를 일으켰다.

> 배움을 중심으로 하는 수업은 아이들 한 명 한 명이 관계를 엮어가며 서로 탐구하고 교류하면서 서로 배우는 관계를 교실에 구축하는 일에서부터 출발해야 할 것이다. 저자는 이것을 '활동적이고 협동적이고 반성적인 배움'이라고 부르고 있는데, 이는 사물이나 교재와 대화하고 친구나 교사와 대화하고 자기 자신과 대화하는 배움을 수업의 중심에 놓는 일이다.
>
> ─사토 마나부,《수업이 바뀌면 학교가 바뀐다》중에서

모둠 내의 관계성에 많은 에너지를 쏟은 것은 배움이 일어나는 교실을 꿈꾸었기 때문이다. 누군가에게는 수업을 위한 모둠을 짜면서 아이들 사이의 연애 문제나 성향 차이까지 고려하는 게 시간 낭비로 보일지도 모른다. 그러나 아이

들에게는 바로 그것이 가장 중요한 문제이다. 지금의 아이들은 감정적으로 편안하지 않은 이들과 소통하고 교류하는 것을 극도로 꺼려한다. 이 세대의 성향인지 코로나가 만든 문화인지 정확히 알 수는 없지만, 지금 아이들에게 '관계'는 정서적 안정을 쥐고 흔들 만큼 중요한 가치가 되었다. 수업에서 배움이 일어나기 위해서는 대화가 일어나야 하고, 대화의 출발점은 '관계를 엮어가는 일'이다. 다시 말해 관계가 원활하지 않으면 이후의 배움도 일어나기 어렵다. 그러니 모든 에너지를 쏟을 수밖에.

교사의 역할이 무엇일지 자주 고민한다. 교사의 역할을 교과 내용을 잘 가르치는 사람으로 정의하면 나는 별로 좋은 교사가 못 된다. 아는 것(교과 내용)을 재밌게 강의하여 짧은 시간에 학습 효과를 극대화하는 일은 내가 잘할 수 있는 영역이 아니다. 그런 영역은 더 잘하는 선생님들께 부탁드리고 싶다.

내가 가는 길이 의심스럽고 두려울 때마다 생각한다. 수업을 잘하는 교사는 못 될지라도 아이들과 함께 좋은 관계를 맺어가는 어른이고 싶다고. 아이들의 작은 목소리에 귀 기울여 좋은 관계를 엮고, 대화를 이끌어 배움으로 나아가게 하는 안내자이고 싶다고. 내가 할 수 있는 교사의 역할이 그런 것이라면 앞으로도 꽤 오랫동안 열심히 해볼 수 있을 것 같다.

반짝이는 네일아트

수업이 끝난 뒤 활동지를 걷고 있었다. 활동지를 내는 한 아이의 손가락에 반짝, 빛나는 무언가가 보였다. 다시 보니 네일아트를 한 손톱이었다. 순간 머릿속을 스친 느낌 그대로 가감 없이 뱉은 말은 "와! 너 손톱 진짜 예쁘다!"였다. 아이는 수줍은 듯 살짝 웃더니 손톱을 주먹 속에 말아 쥐고 제자리로 돌아갔다. 육아에 일에, 관리할 틈 없이 바짝 깎은 내 손톱이 초라하게 보일 만큼 참 예쁜 손톱이었다.

육아 휴직에 들어가기 전까지 나는 교칙에 매우 민감한

교사였다. 교칙에 민감하다는 의미는 교칙을 결정하는 과정에 민감하다는 의미도 될 것이고 교칙을 지키는 일에 민감하다는 의미도 될 것이다. 교직에서 만난 선생님들 가운데 교칙 제정에 무척 민감한 분들이 있었다. 학생 인권이 침해받지 않는 선에서 교칙이 제정되도록 애쓰는 분들을 보며 존경하는 마음이 들기도 했지만 딱 거기까지였다. 나는 누군가가 정해놓은 교칙을 의심도 반감도 없이 '당연히 지켜야 하는 것'으로 규정하는 교사였다. 그렇다 보니 아주 민감하게 생활 지도를 할 수밖에 없었다.

매 학기가 끝날 무렵 교무실 책상 서랍 정리를 하면 아이들에게서 압수한 물품이 쏟아졌는데, 그중 단연 독보적인 개수를 자랑한 것은 '틴트'였다. '화장을 해서는 안 된다'는 교칙에 위배되는 화장품이니 참 무자비하게도 빼앗았다. 아이들은 "샘, 얼마 전에 새로 산 건데요"라며 애타게 매달렸고, 가끔은 눈을 흘기거나 눈물을 뚝뚝 흘리기도 했다. 하지만 저희들도 교칙을 위반했다는 사실을 알고 있으니 끝내는 내 손에 틴트를 넘기고 교실로 돌아갔다. 수북하게 쌓인 틴트(를 비롯한 각종 화장품)는 학생 지도 과정에서 남은 전리품이었다. 그걸 보며 스스로 아주 열심히 학생 지도를 하는 꽤 성실한 교사라 자부하던 적도 있었다.

* * *

  5년 만에 복직한 학교는 많이 달라져 있었다. 가장 먼저 눈에 띈 것은 자유로운 머리 모양이었다. 중단발을 찰랑거리며 복도를 지나는 남학생을 보며 흠칫 놀라기도 하고 허리까지 내려오는 긴 생머리의 여학생이 너무 예뻐서 몇 번이고 뒤돌아보기도 했다. 뽀글거리는 파마를 한 아이나, 아주 밝은 색으로 염색을 한 아이는 없었지만, 그냥 봐도 아이들의 두발은 자유로운 편이었다. 마스크가 일상화되면서 화장 여부를 단속하는 분위기도 사라진 듯했다. 교칙을 굳이 확인하지 않아도 아이들의 복장이나 두발, 화장이나 손톱 등이 많이 자유로워졌다는 걸 체감할 수 있었다.

  쉬는 시간 내내 곱게 단장한 아이의 손톱이 잊히질 않았다. 매니큐어 바르는 게 뭐 대단한 일이라고 몇 년 전만 해도 그렇게 아이들을 쥐 잡듯이 잡으며 용모 단속에 열을 올렸나 싶었다. 고백하자면 과거의 내가 부끄럽게 느껴졌다.

  왜 아이들에게 꾸밈이 허용되면 안 되는 걸까. '정해진 교칙을 지켜야 한다'는 데 몰두하는 동안에는 한 번도 고민해보지 못한 질문이었다. 고민하지 못했다기보다는 고민하지 않았다는 표현이 더 적절할 것이다. 학생이면 당연히 학생다워야 한다고 여겼고, 내 머릿속에서 학생다운 모습이란 단정한 머리와 화장기 없는 얼굴에 손대지 않은 교복을 입은 모습이었다. 두 개념이 너무 끈끈하게 연결되어 있어서 의심조차 하지 않았다.

십 대 후반은 자기 외모에 대한 민감도가 아주 높아지는 시기다. 남들은 알아보지도 못할 아주 작은 뾰루지 하나에 외출도 포기할 만큼 외모에 관심이 지대하다. 그런 아이들에게 '지금이 제일 예쁘다, 지금은 아무것도 안 해도 예쁘다, 있는 그대로가 예쁘다'라는 말이 과연 얼마나 설득력이 있을까. '화장하는 시간에 공부해라'라는 말은…… 안 하는 게 진리다. 돌이켜보면 나도 십 대 시절, 외모에 관심이 무척 많은 여학생이었다. 없는 쌍꺼풀을 만들겠다고 쌍꺼풀 테이프도 붙여보았고 크게 눈에 띄지 않는 파마를 하고 다니기도 했다(엄마마저 감쪽같이 속였으니 그때의 나는 얼마나 치밀하게 교칙을 어기는 학생이었는지). 당시에는 십 대들의 화장 문화가 발달한 때가 아니어서 그랬지 요즘 같았다면 지금의 아이들 못지않게 화장에도 관심이 많았을 것이다.

외모에 관심을 쏟는 아이가 나쁜 아이일까. 정말 학생답지 못한 아이일까. 아무리 학교생활을 열심히 하더라도 외모에 관심이 높다면 학생답지 못하다고 비난받아야 할까. 학교생활을 열심히 하는 아이라면 외모에 관심이 덜한 게 당연할까. 도대체 학생답다는 말의 의미는 어떻게 정의해야 하는 걸까. 제 손톱 하나, 제 머리 길이 하나, 제 얼굴 하나 자유롭게 뜻대로 하지 못하는 아이가 과연 무엇을 자유롭게 선택할 수 있을까. '학생답다'라는 말을 해도 부끄럽지 않을 만큼 나는 교사다운가, 어른다운가.

아이의 반짝이던 손톱을 떠올리는 내내 내 안에서 질문이 꼬리에 꼬리를 물고 늘어졌다. 고민하지 않던 지점을 고민하면서 보이지 않던 아이들의 세계가 새롭게 보였다. 왜 보이지 않았을까. 나도 지나온 세계였는데. 말도 안 되게 부당하다 생각한 세계였는데…….

* * *

교직에서 나이를 먹어가며 아이들과 심리적 거리가 멀

어질까 봐 두려웠던 적이 있다. 나는 이십 대에서 삼십 대로, 삼십 대에서 사십 대로, 머지않아 오십 대로 나이 들어갈 텐데 내가 만나는 아이들은 언제나 십 대인 것이 두려웠다. 나는 나대로 그 시절 아이들의 세계와 멀어지며 아이들을 제대로 이해하지 못할까 봐, 아이들은 아이들대로 부모님보다 나이 많은 선생님을 별다른 이유 없이도 멀리할까 봐.

다행히도 예상했던 것과 달리 나이를 먹어갈수록 아이들을 이해할 폭이 넓어짐을 느낀다. 의심하지 않았던 것들을 의심하고 묻지 않았던 것들을 물어가면서 아이들의 행동과 심리를 더 깊이 들여다보게 된다. 감사히도 예상했던 것과 달리 나이를 먹어갈수록 아이들은 나를 때론 엄마처럼 때론 이모처럼 따르며 저희의 세계에 더 쉽게 초대한다. 교사의 마음으로 학생을 대하듯 바라보기보다 엄마의 마음으로 자식을 살피듯 바라보는 내 눈빛을 아이들은 정확히 읽어내고 있다.

나는 계속 나이를 먹어갈 것이고 나와 아이들 사이의 신체적 나이 격차는 점점 더 벌어질 것이다. 이것은 피할 수 없는 현실이고 명백한 사실이다. 이 상황에서 아이들이 먼저 나를 이해해주리라 기대하기는 어렵다. 아이들의 세계는 십 대까지가 전부일 테니까. 적어도 아이들보다 조금 더 산 내가, 십 대 시절을 먼저 거쳐온 내가, 이미 어른이 된 내가 더 이해하고 더 포용하려 애써야 하지 않을까. 아름답게 빛나던 아이의 네일아트를 떠올리며 감히 그런 생각을 해본다.

비난보다는 공감이 먼저

수업 시작 직후 5분간 내가 주로 하는 일은 쉬는 시간부터 잠들어 있던 아이들을 깨우는 것이다. 최대한 부드럽게 아이들을 깨우는 게 포인트다. 등교 직후인 1교시나 점심시간 직후인 5교시에는 이 작업이 필요하지 않지만 나머지 시간에는 꼭 필요한 작업이다.

엎드려 자고 있는 아이 곁에 가서 등을 살짝 두드리며 "○○아, 샘 바뀌었다"(지난 시간부터 쭉 잤으리라 짐작되는 아이들에게는 이 멘트가 먹힌다. 저희들도 좀 민망해하며 일어난다)

라고 말한다. "어제 못 잤어? 아이고!"라며 어깨를 두드려주기도 한다. "화장실이라도 다녀올래? 물이라도 좀 마시고 오든가"라며 일어나지 못하는 아이를 애써 일으키기도 한다.

채 2분도 되지 않는 시간이지만 그렇게 아이들을 깨우고 수업을 시작하면 아이들이 훨씬 덜 잔다. 정말 극심한 무기력에 빠진 아이가 아니라면 그 정도의 액션에도 몸을 일으키려 스스로 애쓴다. 이 아이들은 대체로 '자는 아이'보다는 '조는 아이'에 속한다.

'조는' 것과 '자는' 것은 종이 한 장 차이 같지만 실상은 그렇지 않다. 실로 엄청난 차이다. 졸음은 인력으로 조절이 힘들지만 그것이 잠으로 이어지느냐 그렇지 않느냐에는 인력이 개입할 여지가 있다. 잘 살펴보면 보통의 아이들은 대개 '조는' 아이들이다. 자기 뜻과 상관없이 쏟아지는 졸음을 이기지 못해 꾸벅거리는 것이다. 안타까운 건 졸음이 이내 잠으로 이어지고야 만다는 점이지만.

아이들이 조는 데에는 많은 이유가 있겠지만 가장 우선적인 것은 '수면 시간 부족'이다. 진짜 잠이 부족해서 존다. 여덟 시까지 등교해서 오후 네 시 삼십 분에 하교하면, 대부분의 아이는 학원 혹은 독서실에 간다. 물론 그 시간을 다 열심히 공부하는 것은 아니겠지만 하루 일정을 무사히 소화하는 것만으로도 수면 시간은 현저히 부족할 수밖에 없다.

수면 시간이 부족하더라도 수업이 능동적으로 배울 수 있는 구조라면 덜 졸릴 것이다. 그러나 고등학교 수업에서 학생이 능동성을 발휘하기란 쉽지 않다. 오십 분마다 다른 선생님, 다른 교과목 강의가 줄줄이 이어지는데 안 졸고 늘 똘망똘망한 아이들이 더 신기할 지경이다. 가만히 살펴보면 그런 아이들은 대체로 성적이 상위권에 속한다. 그러니 수업 내용을 바로바로 이해할 수 있고, 그만큼 수업이 덜 지루하다. 하지만 수업을 듣는 동안 자주 버퍼링에 걸리는 아이들은 자기도 모르게 멍해질 수밖에 없다. 그러다 보면 기다렸다는 듯 졸음이 쏟아진다.

이렇게 하나하나 따져 생각하다 보면, 아이들의 졸음을 단순히 의지 부족으로만 해석할 수 있을까, 그래도 괜찮은 걸까, 싶은 생각이 이어진다. 요즘 나는 조는 아이들, 졸다 못해 잠드는 아이들을 보면 안쓰럽다. 이 아이들 중 누구도 나에게 반항하겠다고 마음먹고 자는 아이는 없다. 배울 게 없거나 배우기 싫어서 자는 아이도 없다고 생각한다. 다만 스스로가 감당하지 못할 만큼 많은 의무감(해야만 하는 일들)

에 시달리고 있는 게 아닐까. 혹은 어느 순간 배움의 길을 놓쳐 되돌아가는 길을 잃은 것은 아닐까. 그렇다면 나는 이 아이들을 어떻게 도와야 할까.

* * *

"어제 못 잤어?"

"네, 샘. 어제 게임 이벤트 기간이라서 그거 한다고요."

"아이고, 수행평가는 다 했냐?"

"샘, 그거 다 하고 게임한다고 늦은 거예요. 그래도 저 할 건 성실하게 합니다."

한 아이와의 대화가 잊히지 않는다. 할 건 한다는 그 말이 꽤 묵직하게 다가왔다. '게임을 하다 늦게 잤다'보다 '그럼에도 성실하게 할 건 다 했다'에 방점을 찍고 보면 기특하기 그지없다. 아무 생각 없는 것 같지만 다수의 아이가 해야 할 건 해내며 쉽지 않은 고등학생 시절을 버티고 있다. '그러고 졸고 있냐'며 화내고 비난하기보다는, '그래서 졸리겠구나' 이해하고 공감하는 어른이 되어주고 싶은 이유다.

무슨 일에 '변화'가 있으려면 먼저 '이해'가 필요하다. 특히 심리학의 한 학파인 자기심리학에서는 '이해'와 '설명'이 있어야 '공감'이 가능하고, '공감'이 '변화'를 일으킨다고 했다. 모든 것을 이해한다는 것은 사실 기대일 뿐이고, 그래서 착각을 불러일으키기도 하지만 이해와 설명에 근접하려다 보면 무언가가 조금씩이나마 지금까지와는 다르게 보이기 시작할 것이라고 믿는다. 실마리를 찾아가다 보면 운 좋게도 해법을 발견할 수도 있게 된다.

—김현수, 《무기력의 비밀》 중에서

두 아이의 엄마가 된 이후부터 아이들을 대하는 마음에 연민이 생겼다. 모두 귀한 집 아들딸이라는 생각과 더불어 이 아이들 역시 무한히 사랑스럽던 아기였던 때가 있었을 거라는 생각 때문일까. 연민의 마음으로 아이들을 바라보다 보면 대부분의 상황이 조금 더 편안하게 이해된다. 딴에는 애쓰고 있는데 누구도 알아주지 않는다고 느낄 때 아이들은 날을 세운다. 애쓰고 있다는 것을 들키고 싶지 않을수록 더 뾰족한 날로 상대를 베려 한다. 이해받고 싶은 마음과 모른 척해줬으면 하는 마음이 크게 충돌하는 아이일수록 더욱 그렇다. 아무리 이해의 시선으로, 연민의 마음으로 다가가도 온전히 그 마음을 받아주지 않는 아이도 있다. 자는 아이를 깨웠다가 원색적인 욕을 들은 적도 있고 위협으로 느껴질 만큼 공격적인 반응에 당황한 적도 있다. 그렇지만 아직은 포기가 어렵다. 어른인 내가 포기해버리면 아이는 기댈 곳이 없을 것 같아서.

아이들은 예민하다. 진심은 통한다고 믿는다. 그 마음으로 앞으로도 아이들을 깨우는 일에 진심을 다해보려 한다. 소리치고 윽박지르기보다는 내가 내어줄 수 있는 최대한의 다정을 발휘하여. 어쩌면 시대착오적이고, 어쩌면 낭만적인 나는, 다정의 힘을 믿으니까. 다정 속에서 그래도 많은 아이가 몸을 일으키고 마음을 내어주리라 믿고 있으니까.

내게는 형벌 아닌 축복

"왜 아이들이 선생님한테만 오면 울고 가는 거죠?"

"그러게나 말이에요. 왜 자꾸 아이들이 저한테 와서 울고 가는 걸까요. 저도 그 이유가 궁금하네요.(웃음)"

옆자리 선생님이 의아한 듯 묻는 말에 나는 그저 웃음 띤 대답으로 얼버무릴 뿐 제대로 된 답을 할 수 없었다. 나도 그 이유를 정확히 알 수는 없으니까. 왜 아이들이 나와 이야기만 나누고 나면 눈물 바람인지. 왜 그렇게 한바탕 쏟아낸 후에 조금은 해사한 표정으로 돌아가는지.

나는 사람의 마음에 관심이 많다. 눈치도 빨라 누군가의 미묘한 감정 변화도 잘 알아차리는 편이다. 그런 내가 감정의 폭풍우가 몰아치는 십 대 아이들과 매일 얼굴을 마주한다는 것은 때론 축복이고 때론 형벌이다. 아이들의 마음을 애써 살피지 않아도 눈에 보이는 것은 분명 축복이다. 하지만 간혹 선을 넘어 마음을 쏟아내는 아이들에게 치명적인 상처를 입을 때면 아이들의 마음을 읽는 일이 형벌 같다 느낄 때도 있다.

아이들은 내가 담임이든 아니든 별로 상관하지 않고 자주 나를 찾아온다. 어떤 아이는 교우 관계에서 발생하는 문제로, 어떤 아이는 아무리 노력해도 오르지 않는 성적 문제로, 어떤 아이는 불확실한 진로 선택 문제로, 어떤 아이는 복잡한 가정사 문제로. 좋은 일로 찾아오는 아이보다 아픈 일로 찾아오는 아이들이 훨씬 더 많다.

누구에게라도 털어놓고 싶은 이야기를 나에게 털어놓는 아이들을 마주하는 마음이 마냥 편하고 쉬울 리 없다. 자칫 나까지 함께 휘청거리지 않으려 마음의 중심을 잡고 아이들의 말을 듣다 보면 온몸의 진이 다 빠져버리는 날도 많다. 그래도 애써 나를 찾아온 그 마음을 모른 척할 수 없고 모른 척하고 싶지 않아 시간과 마음을 낸다. 그 마음을 알아봐준 아이들은 폭포수처럼 제 얘기를 쏟아내고는 조금은 홀가분한 마음으로 돌아간다. 아이들이 쏟아내는 눈물은 어쩌면 제 안에 쌓여 있던 불안과 분노, 슬픔과 무력함의 다른 표현이 아니었을까.

* * *

"선생님, 잠시 시간 좀 있으세요?"

2, 3교시 수업을 연달아 하고 잠시 자리에 앉으려는데 작년에 가르쳤던 한 아이가 교무실에 찾아왔다. 올해는 수업에서 만나지 못하는 아이였던 터라 조금 놀랐다. 몇 달 만에 마주한 아이는 작년보다 많이 야위어 보였다. 마스크 위로 빼꼼히 드러난 눈에는 슬픔이 한껏 고여 있었다. 사소한 일은 아닐 것 같아 아이를 데리고 교무실 바깥으로 나갔다.

"응, 무슨 일이야?"

"선생님, 저……."

"괜찮으니까 말해봐."

"다른 게 아니고요. 선생님이 책을 쓰신다는 걸 알게 되었어요. 선생님이 올린 글을 봤는데 일기를 쓰면서 우울한 마음이 많이 나아졌다고 쓰셨더라고요. 정말 글을 쓰면 마음이 좀 나아지나요?"

너무 뜻밖의 질문이라 무슨 말을 해주어야 할지 순간 판단이 서질 않았다. 학교에서 내가 쓴 글에 대해 언급한 적이 없었으니 아이는 나의 SNS를 통해 내가 쓴 글을 본 것 같았다. 글쓰기를 통해 육아 우울을 극복했다는 글을 보고 '글을 쓰면 마음이 나아질까?'라는 질문을 품은 아이의 마음이 궁금했다. 아이의 마음에는 분명 짙은 우울이 드리워져 있을 터였다. 이 상황에서 사정을 캐물었다가는 더는 질문조차 하지 않을 것 같아 일단 질문에 대한 답만 담백하게 해야겠다고 생각했다.

"내 경우에는 그랬어. 매일 그날의 감정을 일기장에 썼는데 쓰고 나면 좀 후련해지는 게 있었어. 그리고 시간이 지난 후에 그 일기를 꺼내 보면 '아, 그때는 내가 이런 문제로 참 힘들었는데 시간이 흐르고 나니 다 지나갔구나' 싶기도 했고. 지난 일기를 읽으면서 혼자 댓글도 써보고……. 스스로를 응원하기도 했지."

"아……. 네……."

"너도 마음이 힘든 일이 있구나. 그럼 일기를 한번 써봐. 선생님이 그랬던 것처럼 도움이 될지도 몰라."

무슨 사정인지는 전혀 이야기하지 않았지만 애써 눈물을 감추며 발길을 돌리는 아이의 뒷모습에서 적잖이 힘든 날들이 이어지나 보다 짐작했다. 다행인지 불행인지 한동안 아이는 다시 찾아오지 않았다. 가끔 복도에서 마주칠 때면 "일기 쓰고 있어?"라고 가볍게 물었고, 그러면 아이는 옅은 미소를 보이며 고개를 끄덕일 뿐이었다.

그로부터 한 달쯤 지났을까. 수업을 마치고 교무실에 오니 문 앞에 그 아이가 서 있었다.

"선생님, 저…… 일기를 썼는데도 전혀 마음이 나아지지 않아요."

"음. 선생님이 전에는 전혀 묻지 못했는데, 혹시 무슨 일인지 물어도 될까?"

이미 울먹이고 있던 아이는 쉽게 말을 잇지 못했다. 말로 하기 어려우면 이제껏 쓴 일기를 보여줄 수 있냐고 물었더니 고개를 끄덕였다. 아이에게 메일 주소를 알려주고 일기를 받기까지 삼십 분이 채 걸리지 않았다.

일기의 내용은 심각했다. 아이의 우울은 생각 이상으로

깊었다. 내가 아이의 마음을 들어주고 알아주는 것만으로 해결될 일이 아니라는 생각이 들었다. 이 마음을 안고 어떻게 이제껏 버텼나 싶을 만큼 위험한 수준이었다. 아이를 불러 담임 선생님과 상담 선생님께 도움을 구해보자고 설득했다. 다만 담임 선생님과 상담 선생님께 마음을 털어놓는 것이 힘들다면 내가 전면에서 도와주겠다고 약속했다.

담임 선생님과 상담 선생님은 적극적으로 아이를 도와주셨다. 그 과정에서 나는 아이와 선생님들을 연결하는 다리 역할을 했다. 그리고 아이에게 나와 매일 시 필사를 함께 해보자고 제안했다. 아이는 그 제안을 선뜻 받아주었고 그날부터 필사의 밤이 이어졌다. 내가 좋은 시 한 편을 필사해 사진을 찍은 후 메시지로 전송하면, 아이는 그걸 보고 따라 필사를 해서 다시 나에게 전송해주었다. 흔하진 않았지만 가끔은 시를 필사한 종이 귀퉁이에 제 속마음을 넌지시 써서 보여주기도 했다. 시를 매개로 불안을 전하는 아이와 위로를 전하는 나 사이에는 다른 누구도 알지 못하는 우리 둘만의 깊은 우정이 쌓였다.

* * *

함께 시를 필사한 지 몇 달이 흘렀다. 아이는 계속해서 마음의 감기를 앓고 있었지만 더는 자기 마음을 꽁꽁 숨기지 않았다. 그것만으로도 감사한 일이었다.

해가 바뀌던 날, 아이에게서 문자 한 통을 받았다.

'저는 선생님 덕분에 살아갈 용기를 얻었고 즐거웠어요. 제가 느꼈던 선생님은 다정하고, 따뜻하고, 정말 좋은 어른이셨어요.'

이 문자를 끝으로 우리는 더 이상 사적인 연락을 주고받지 않지만 아마 교직이 끝나는 그날까지 나는 이 아이를 잊지 못할 것이다. 가끔 아이들의 마음을 읽어주는 것이 형벌 같다고 느껴질 때면 아이가 보낸 마지막 문자를 꺼내 보며 이것은 형벌이 아니라 축복이라고, 이것이야말로 내가 교사로서 누릴 수 있는 정말 귀한 축복이라고 믿어볼 참이다.

선택과 탐색이라는 말 앞에서

긴 육아 휴직 끝에 복직한 첫해, 내가 맡은 업무는 교육과 정부의 기획 업무였다. 교육과정부는 고교학점제 연구학교 관련 업무를 전담하는 부서라 부담이 컸다. 다행히도 우리 학교는 2020년부터 3년간 고교학점제 연구학교였고 내가 복직한 해는 이미 연구학교 3년 차를 맞이하고 있었다. 3년 차쯤 되다 보니 학교 내에서는 고교학점제가 제법 안정적으로 운영 중이었다. 아무리 혼란스러운 제도라도 시일이 지나면 조금씩 자리를 잡게 마련이니까.

입시용어 사전에서는 고교학점제를 "대학생들처럼 학생들이 진로와 흥미, 관심사 등의 목적에 따라 교과목을 선택하여 교실을 옮겨 다니며 수업을 듣고, 졸업에 필요한 학점을 이수해 졸업을 인정받는 제도"라고 정의하고 있다. 정의만 놓고 보자면 꽤 매력적인 제도다. 그대로 시행된다면 정말 선진화된 제도라는 데 이견이 없다. 그렇다면 학교 현장에서는 과연 용어의 정의 그대로 '학생들이 진로와 흥미, 관심사 등의 목적에 따라 교과목을 선택'하고 있을까.

과거 나의 학창 시절과 비교하자면 아이들의 선택권이 확대된 것만은 분명하다. 학점제 시행 전의 아이들은 학교에서 짜주는 시간표대로만 움직였다. 과목을 선택한다는 생각조차 하지 못했다. 진로나 흥미, 관심사와 관계없이 같은 학교에 다니는 같은 학년 아이라면 모두 하나의 시간표를 따를 수밖에 없었다.

지금은 다르다. 아이들마다 시간표가 제각각이다. 학교에서 교육과정 업무 담당자는 학생 개개인의 선택이 반영된 시간표를 짜기 위해서 골머리를 앓는다. 아이들의 수만큼 시간표가 나온다는 말도 농담이 아니다. 과목 선택권이 최대한 보장된다면 모두 저마다의 시간표를 갖는 게 당연하다. 심지어는 특정 교시에 어떤 아이는 수업이 있지만 어떤 아이는 '공강(강의가 없음)'이 될 확률도 있다. 그렇다면 학교에서는 공강인 아이들이 자율학습을 하며 다음 교시까지 대기할 수 있는 장소를 마련해주어야 한다. 또 선택권 보장 차원에서 타 학교의 수업을 수강할 수 있도록 공동 교육과정을 개설하거나, 주말이나 방과 후를 활용해 소인수 과목(적은 학생들이 선택한 과목)을 개설해야 한다.

쓰다 보니 정말 선진화된 제도라는 생각이 든다. 아이들은 자신의 진로와 관심사, 흥미를 최대한 반영한 시간표를 짤 수 있고, 그러면 자연스레 학교 다닐 맛도 날 것 같다. 그런데 나는 아이들의 선택권이 보장된다는 말을 하면서도 뒷맛이 쓰다. 정말 아이들이 자신의 진로와 관심사에 따라 자발적으로 과목을 선택하고 있는지 의문이 들어서다.

아이들이 과목을 선택할 때 가장 중요하게 생각하는 것은 '진학하려는 대학 혹은 학과 입시에서 반영하는 과목'이다. 만약 구체적으로 반영하는 과목이 없고 선택 과목 몇 개 이상의 성취도만 요구한다면 '성적 취득이 쉬운 과목'이 차선이 된다. 어떤 사람은 이렇게 물을 것이다. 진학하려는 학과에서 요구하는 과목을 듣는 것은 학생의 진로 혹은 관심사와 맞닿은 과목이 아니냐고.

적어도 내가 느끼기에는 아니다. 아이들이 진로를 정할 때 과연 자신의 관심사를 반영할 확률이 얼마나 될까. 내가 가르치는 학생 가운데 아주 성실하고 꽤 똘똘한 아이가 한 명 있다. 진로가 정해져 있냐고 물었더니 간호대에 가고 싶다고 했다.

"간호대? 요즘 기사 보니까 간호사들 근무환경이 꽤 열악하다는데……. 그래도 네가 그 전공에 뜻이 있는 거지?"

"사실은 사촌 언니가 간호사인데요, 제가 간호대 가고 싶다고 했더니 엄청 말렸어요."

"왜?"

"진짜 힘들다고요. 취업이 잘 돼도 사람 할 짓이 아니라고……."

"그렇구나. 너는 취업이 잘 되어서 간호대를 가고 싶은 거야? 간호사가 네 적성에 맞다고 생각하는 게 아니라?"

"아직 제가 뭘 좋아하는지 잘 모르겠어요. 그런데 다른 과는 취업이 너무 힘들다고 하고, 간호대는 그래도 졸업하면 바로 취업이 되니까……."

많은 아이가, 특히 여자아이들이 간호대를 꿈꾸는 이유

는 거의 비슷했다. 누군가를 돌보고 의학적인 조치를 취하는 일 자체에 매력을 느껴서라기보다는 단지 취업이 잘 되어서였다. 아마도 나와 대화를 나누었던 아이는 큰 변수가 없는 한 올해 말이 되어 2학년 과목을 선택할 때, 간호대에 가기 위해 필요한 과목들을 선택할 것이다.

"네가 좋아하는 것, 관심 있는 것, 재미있게 배울 수 있는 것들을 찾아봐. 너무 서두르지 말고. 진로는 언제든 변할 수 있는 거니까."

이렇게 말하고 싶었지만 차마 그럴 수 없었다. 아이들에게는 여유가 없다. 취업이 잘된다는 학과, 주변에서 인정하는 학과에 진학하기 위해서는 그 학과에서 정해놓은 필수 과목을 이수해야 한다. 그것만으로도 아이들은 과부하 상태이다. 자기가 무엇을 좋아하고 관심 있는지 치열하게 고민할 시간도 없을뿐더러, 이 과목 저 과목 들어보면서 자신의 선택권을 확장해나갈 여유도 없다.

정말 의문이다. 고등학교 교육과정에서 왜 교육학이 개설되고 심리학이 개설되는지. 고급물리학과 고급화학이 과연 현재 대한민국의 입시 현실에서 적합한 교과목인지. 그런 게 정말로 아이들의 관심과 흥미가 제대로 반영되어 개

설된 과목이라고 할 수 있는지.

한국은 일찍부터 입시에 정열을 바친다는 점에서 교육열이 강한 나라이지만, 진정 무엇을 어떻게 공부해야 하는지에 대해서는 묻지 않는다는 점에서 교육에 냉담한 나라이기도 하다.

젊은 날 입시와 취업으로 환원되지 않는 어떤 공부를 할 기회를 박탈하는 것은 그 화려한 시간에 대한 모욕이 아닐까. 마치 날씨가 너무 좋은 날 경치가 아름다운 길을 돌아보지 않고 바삐 지나치는 것이 그 시간에 대한 모욕인 것처럼. 나중에 돌이켜본 자신의 화양연화가 기껏 수능 시험을 얼마나 잘 보았나, 혹은 명문대학에 입학했는가 정도라면 그것은 그보다 흥미로운 지적 체험이 없었다는 자기 고백일 뿐이다.

— 김영민, 《공부란 무엇인가》 중에서

지금의 학교 교육이 화려한 시간에 대한 모욕일까 봐 두려울 때가 있다. 열일곱, 열여덟, 열아홉. 성인이 되기 전 3년 동안 정말 필요한 공부는 무엇일까. 현재로서는 꿈같은 생각이지만 다양한 분야의 책을 읽으며 단순 지식이 아닌 지성을 확장해나가는 공부가 아닐까. 자기 안의 자아를 탄탄

하게 확립하기 위해 스스로를 탐구하고, 그것을 글이나 그림, 음악 같은 다양한 도구로 성실히 표현할 기회가 있어야 하지 않을까. 가족, 친구, 학교 구성원, 나아가 사회와 세계 전반에 관심을 지니고 함께 더불어 살아가는 방법을 고민해야 하지 않을까. 답을 내릴 수 없는 질문만 무성히 남는다.

내 안의 고민이 깊어질수록 한편으론 내가 참 세상 물정 모르는 이야기를 하고 있다는 생각 또한 지울 수 없다. 정작 내 수업조차 그렇지 못한데, 입시에 바쁜 아이들을 외면하지 못해 가끔은 문제를 풀어주고 시험을 출제하고 등급을 내고 있는데, 감히 내가 이런 말을 하는 것이 얼마나 큰 모순인지.

그래도 자꾸만 다르게 생각하고 말하고 싶다. 진짜 아이들의 흥미를 반영하여 진로를 탐색하도록 할 거라면 단순히 과목을 선택하는 제도는 의미가 없다고. 대학이 모든 입시의 틀을 쥐고 흔드는 지금의 교육 현실에서 아이들은 선택하는 것이 아니라 선택받기 위해서 고군분투할 뿐이라고. 이게 과연 정말 옳은 길이냐고.

첫 마음을
잃고 싶지 않아서

"선생님은 아직 참 젊다! 열심히 하는 모습 정말 보기 좋아요."

첫 학교에서도 두 번째 학교에서도 참 많이 들었던 말이다. 첫 학교야 신규 발령이니 말할 것도 없었고, 학교를 옮기고 나서도 학년실에서 막내급이었기에 젊다는 말을 자주 들을 수밖에 없었다. 그 덕분인지 그 때문인지 내가 마음을 쏟는 많은 일이 '그저 젊어서, 어려서'라는 말에 가려진다는 느낌을 종종 받았다. 1급 정교사 연수를 받기도 전에 수업 관련 공모전에 나간 것도, 퇴근까지 미루고 아이들을 지도하던 것도, 매시간 수업 준비에 열정을 다하던 것도, 학부모 한 명과 한 시간 가까이 이야기를 나누던 것도 모두 신규의 열정으로 치환되는 순간이 많았다. 나의 면면을 제대로 보아준 사람들이야 그렇게 생각하지 않았지만 나를 잘 모르는 사람들은 '젊어서 열심히 한다' '아직 가정이 없으니 학교에 헌신한다'라고 쉽게 치부하곤 했다. 아주 가끔은 시간이 지나면 절대 그렇게 못 하니 할 수 있을 때 열심히 하라는(어떻게 그렇게 단정하셨을까), 격려라기엔 묘하게 기분 상하는 말을 서슴없이 하는 이들도 있었다.

실제로 나이가 젊었고 가정도 없던 내게는 반박할 말이 따로 없었다. 아직 닿지 않은 미래였기에 훗날의 나를 무턱대고 확신하기는 어려웠다. 아무리 연차가 쌓여도 학교생활에 열정을 잃지 않으리라 다짐하는 한편, 그런 말을 듣고 또 듣다 보면 '나이를 먹고 연차가 쌓이면 지금처럼은 못 하겠지?'라는 의심이 뭉게뭉게 피어오르기도 했다. 냉정하게 생각할수록 나이를 먹고 가정이 생기고 내 아이가 생긴다면 딸린 식구가 없던 때와 완전히 같을 수는 없을 것도 같았다.

10년 차 교사가 되고 싶었다. 10년 차라고 하면 뭔가 상징적인 느낌이 들었다. 얼른 10년 차가 되어 미래의 나와 만나고 싶었다. 그때까지도 열심히 교직 생활을 이어나가고 있을 '나'와 만나, 어린 날 확신할 수 없던 미래를 현실로 증명하고 싶었다.

✳ ✳ ✳

올해로 14년 차가 되었다. 여러 번의 육아 휴직으로 실 경력은 이제 10년쯤 되었지만 교사라는 정체성으로 살아온 세월만큼은 10년이 훌쩍 넘은 셈이다. 예상한 대로 가정이 생겼고 두 아이의 엄마가 되었다. 나이는 이십 대에서 삼십 대를 거쳐 사십 대가 되었다.

과거에 들었던 말을 떠올린다. '젊어서 열심히 한다.' '어려서 열정적일 수 있다.' 일정 부분은 반박의 여지 없이 맞는 말이다. 아무래도 지금은 체력도 떨어지고 마음 쓸 곳도 많다 보니 신규 시절에 비해 내 열정을 오롯이 학교에만 쏟을 수는 없다. 그러나 그만큼의 연륜이 쌓였고 내공도 생겼다. 꼭 경험해보지 않고도 헤아릴 수 있는 일들이 있고 부딪히지 않고 돌아가는 방법도 조금은 알 것 같다. 그때만큼 좌충

우돌, 우당탕탕 하지 않아도 되는 순간들이 많아진 셈이다. 그 덕분에 지금은 과거에 비해 에너지를 잘 배분해 쓸 수 있다. 신규 때 백 퍼센트를 쏟아부어야 할 수 있던 일들을 지금은 칠팔십 퍼센트만 쏟아도 할 수 있게 된 것은 뭘 잘 모르던 그때 내가 학교에 모든 에너지를 쏟았던 덕분이라고 생각한다. 지금도 헤매는 순간이 왜 없겠는가마는 그래도 덜 헤매고 덜 주저할 수 있는 것은 그때 많이 부딪히고 깨졌기 때문임을 이제는 안다.

마음이 맞는 동료를 많이 만났던 덕분도 있다. 어쩌면 이게 훨씬 더 큰 부분일 것이다. 신규 시절 내가 학교에 모든 에너지를 쏟을 수 있었던 것은 좋은 선배 교사와 결이 비슷한 동료 교사들의 응원과 지지가 있어서였다. 그들 덕에 10년 후를 꿈꿀 수 있었고 10년 후의 내가 신규 때와 큰 변화 없이 교직 생활을 하고 있으리라 믿어볼 수도 있었다.

＊ ＊ ＊

요즘 내가 가장 마음을 쏟는 일은 후배 교사를 대하는 태도이다. 10년 차를 훌쩍 넘고 나니 나보다 어린 선생님들과 함께 일할 기회가 꽤 많다. 특히 올해는 보직으로 업무부장을 맡고 보니 부서의 일을 함께 해줄 부원 선생님까지 생겼다. 나의 첫 부원 선생님은 신규 시절의 나와 꼭 닮은 분이었다. 수업에 열의가 높고 학생들을 대하는 마음에도 진심이 뚝뚝 떨어지는 그런 선생님. 보고 있으면 과거의 내가 절로 떠올랐다. '이 선생님이 내 나이쯤 되었을 때도 지금의 마음을 잃지 않았으면 좋겠다'라는 생각이 들수록 선생님의 지금을 무한히 응원하고 싶었다.

젊어서 그렇다, 아직 가정이 없어서 그렇다는 말 대신 교사에게 가장 중요한 건 수업이라고, 아이들을 대하는 진심 어린 마음이라고, 그런 점에서 선생님은 지금 정말 잘하고 있다고 말해주었다. 선생님이 수업에서 느낀 어려움을 토로할 때면 하던 일도 멈추고 주의 깊게 들었다. 소통이 어렵거나 이해가 힘든 아이들 이야기가 나오면 아이와 선생님의 관계가 틀어지지 않도록 내가 아는 최대한의 정보를 주었다. 선생님이 아이들의 이야기를 마음으로 들어주는 모습에, 열심히 준비한 수업을 신나게 하고 교무실로 들어서는 모습에 함께 기쁨을 느꼈다.

초심을 잃지 않은 나와 만나고 싶어 빨리 10년 차가 되었으면 했다. 10년 차를 지나고 보니 내가 보고 싶었던 건 나처럼 수업에, 아이들에게 진심을 다하는 후배 교사였던가 싶다. 나의 신규 시절을 무한히 응원하고 지지해주었던 선배 교사들처럼, 나 역시 그런 후배 교사를 무한히 응원하고 싶었던 것 같다. 내가 전하는 응원이 공허한 메아리가 되지 않도록 변함없이 최선을 다하는 내가 되기를 바랐던 것 같기도 하다.

감사하게도 아직 초심의 불씨가 살아 있다고 느낀다. 신규 시절, 아이들의 삶을 변화시키며 느꼈던 흥분의 씨앗이 여전히 내 안에 살아 있음을 느낄 때마다 안도한다. 앞으로 20년 차가 되고, 30년 차를 지나면 어느 순간 퇴직을 하는 날도 올 것이다. 언젠가 다가올 그날을 생각하면 벌써 울컥, 마음속 무언가가 와르르 넘쳐흐르는 느낌이 든다. 아마도 그 '무언가'는 아이들과 함께했던 시간일 것이고, 그 시간 속에서 함께 울고 웃던 마음일 것이다. 그날까지 내가 걸어갈 교직의 길이 언제나 꽃길일 수는 없겠지만, 그 길을 함께 걸어줄 이들이 있다면 흙길이든 돌길이든 충분히 행복할 것 같다. 행복한 마지막을 꿈꾸는 마음으로, 오랫동안 첫 마음을 지켜내는 교사로 남고 싶다.

오늘도 나는 배가 고프다

담임을 맡았을 때를 떠올려보면 제일 속 터지는 것 중 하나가 바닥을 뒹구는 가정통신문을 보는 일이었다. 나눠주는 즉시 몇 장은 바닥행이 자명했고, 책상 서랍과 교탁 위, (교실 내) 책꽂이 사물함에는 언제 나누어주었는지도 기억나지 않는 통신문이 켜켜이 쌓여 있었다. 가정통신문의 존재 이유는 '가정'에 전달되어야 함에 있는데, 하루에도 몇 장씩 나오는 가정통신문 중 무사히 가정까지 도착하는 것은 몇 장이나 될지. 학기 말에 열어본 아이들 가방에서 학기 초에 나누어준 가정통신문이 나왔다는 우스갯소리는 결코 과장된 이야기가 아니다.

이토록 흔한 가정통신문 수난사와 무관하게 바닥에 뒹굴어본 경험이 거의 없는 유일무이한 가정통신문이 있었으니, 그것은 바로 급식 식단표다. 식단표가 바닥에 버려져 있거나 보이지 않는 곳에 방치되어 있는 것을 본 적이 거의 없다. 오히려 신줏단지처럼 귀한 대접을 받는 경우를 더 흔하게 보았다. (식단표는 가정통신문이기는 하나 가정에 전달될 필요가 없는 통신문이라, 존재 이유가 다른 통신문과는 좀 다르긴 하다. 어찌 되었든 가정통신문 형태로 배부되는 것이니 동일선상에서 다루어보겠다.)

월말이 되면 식단표가 나오는데 어떤 아이는 일일이 날짜별로 잘라서 스테이플러로 집어 필통에 곱게 보관한다. 매일 뜯는 재미가 있다나. 색색의 형광펜으로 테두리까지 그어서. (그 정성이면 뭔들 못 할까 하는 생각을 잠시 했다.) 어떤 아이는 한 달 치 식단에서 맛있어 보이는 메뉴를 일일이 색깔 펜으로 칠한 뒤 책상 위에 고이 붙여둔다. 심지어 교탁 바로 앞에 앉는 아이는 교탁에 식단표를 떡하니 붙여놓기도 한다. 교사의 시야에서는 안 보이지만 아이들에게는 정면에 식단표가 딱! 보이는 거다. 학급 게시판이나 칠판 귀퉁이에 그날의 식단을 매일 기록하는 아이도 있다. 이런 건 시켜서

할 수 있는 일이 아니다. 이런 자발성이라니!

　오전 수업을 하다 보면 교실 곳곳에 붙어 있는 식단표 덕분에 그날 메뉴를 알게 된다. 특히 4교시쯤 되면 "야, 오늘 점심 뭔데?" "뭐랑 뭐"라는 속삭임을 듣는 게 일상이다. 수업 분위기가 축 처지거나 어쩐지 아이들에게 기운이 없어 보일 때, 가장 효과적으로 나눌 수 있는 잡담도 바로 급식 메뉴에 관한 것이다. "얘들아, 오늘 점심 메뉴 뭐래?" 하고 묻는 순간, 꼭 몇은 신이 나서 대답하고 자연스럽게 둘씩 셋씩 가까이 앉은 아이들끼리 급식 메뉴로 입을 뗀다.

　점심 한 끼, 그게 뭐 대단한 일인가 싶다가도 달리 생각해 보면 고개를 끄덕이게 된다. 직장인도 일과 중 딱 한 시간의 브레이크 타임인 점심시간 덕분에 지난한 오전 업무를 버텨 내니까. 아홉 시에 출근해서 오전 근무가 세 시간인 직장인도 그러하니, 여덟 시 십 분에 등교하여 네 시간 이상이 흐른 뒤 찾아오는 점심시간이 아이들에게 얼마나 애틋하고 귀할 것인가. 감히 상상할 수도 없다.

확언할 수는 없지만 아이들이 정성을 들여 점심 메뉴를 기록하고 필기하듯 형광펜으로 줄을 긋는 데에는 여러 마음이 동시에 깃든 게 아닐까 싶다. 좋아하는 메뉴가 나온다는 기대감도 있겠지만 무의식 어딘가에선 네 시간의 수업 끝에 돌아오는 달콤한 휴식을 기다리는 마음도 있지 않을까.

　가정통신문의 상당수가 학교 홈페이지 게시나 학부모 문자 서비스로 대체되고 있다. 종이책도 전자책으로 대체되는 마당에 전달되지 않는 가정통신문을 계속 발행하는 건 종이 낭비가 확실하니까. 그럼에도 불구하고 급식 식단표만큼은 오래도록 아이들의 손에 물성을 띤 형태로 전달되었으면 좋겠다. 아이들이 한 달의 메뉴를 확인하고 정성껏 색칠하고 붙이는 그 마음이 어쩐지 '그래도 몇 시간만 버티면 점심시간이겠구나'인 것 같아서. 그 마음만으로도 무사히 학교에 오고 하루를 잘 버텨내줄 것만 같아서.

　그나저나 '이달의 식단표는 또 얼마나 환대받고 있으려나' 상상하다 문득 웃음이 터졌다. 한 아이의 식단표에 궁서체로 쓰여 있던 결연한 문구 때문에.

　"오늘도 나는 배가 고프다."

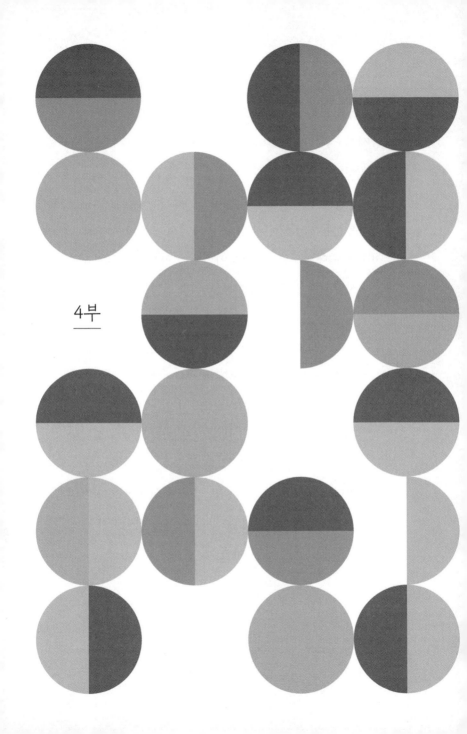

4부

국어 교사로 산다는 기쁨

가심비를 갖춘 국어 수업

2학기 기말고사 준비 기간이 되면 학교 전체에 긴장감이 높아진다. 바깥에서 봤을 때는 시험이 다 같은 시험이지 싶겠지만 안에서는 그렇지 않다. 중간고사보다 기말고사의 긴장도가 좀 더 높고 같은 기말고사라도 1학기보다는 2학기 때가 좀 더 그렇다. 아무래도 중간고사는 다음 시험(기말고사)이 한 번 더 남아 있다는 생각도 있고, 학기 중간에 치러지다 보니 각종 행사가 열리는 시기와 차이 나지 않아 들뜬 분위기가 가라앉지 않는 경우도 있다. 그에 비해 기말고

사는 '학기말' 시험이라, 이 시험을 끝으로 과목 등급이 최종 결정되기도 하고, 학기 말에는 이렇다 할 큰 행사가 없어서 크게 들뜰 일이 없기도 하다. 또 1학기 때는 2학기가 남아 있지만 2학기에는 학년이 바뀌기 직전이므로, 학년 전체를 마무리하는 시험이라는 의미까지 더해진다. 여러모로 2학기 기말고사는 아이들의 긴장감이 극도로 높아지는 시기이고, 그만큼 아이들의 예민함이 까칠함 수준으로 높아지는 시기이다.

지난 중간고사 때, 아이들은 국어 과목에서 참패를 했다. '패'를 붙이는 것이 적절한지 모르겠지만 아이들이 느끼기에는 '참혹'할 정도의 '패배감'이었던 것 같다. 시험 문제를 어렵게 냈다고 생각하지 않았는데 아이들에게는 그게 아니었는지 평균이 아주 낮았다. 평균이 낮으면 아이들만 스트레스를 받는 것이 아니다. 내가 문제를 잘못 낸 것은 아닌지, 어떤 부분을 잘못 가르친 것은 아닌지, 죄책감 비슷한 감정까지 느낄 만큼 교사인 나도 자못 괴롭다.

어찌 됐든 중간고사는 이미 끝난 시험이고, 기말고사를 앞둔 아이들도 나도 심경이 복잡하기는 마찬가지였다. 너무 쉽게 내버리면 열심히 공부한 아이들이 억울할 테고, 그렇다고 중간고사 난이도로 내자니 아이들이 또 절망감을 느낄 것 같았다. 여러 가지로 복잡한 와중에 수업이 끝나고 아이들 몇과 대화를 나누게 되었다.

"국어 공부 좀 하고 있어?"

"아니요, 샘. 국어는 접었어요."

"무슨 소리야. 1학년 때 국어를 접다니!"

"샘, 국어는 너무 가성비가 떨어져요!"

띵, 정말 띵했다. 그러면서 '가성비라니?' 하는 의문을 가질 겨를도 없이 고개가 끄덕여졌다. 아이들은 국어 공부가 가성비가 떨어진다고 했다. 가성비, 가격 대비 성능을 말하는 신조어다. 가성비가 좋다는 말은 가격 대비 성능이 뛰어나다는 뜻이다. 이것을 공부에 적용하면 노력 대비 성과가 좋다는 말일 것이다. 국어가 가성비가 떨어진다는 건 국어 과목이 들이는 노력에 비해서 성적이 잘 나오지 않는다는 이야기였다. 나는 아이의 말을 바로 납득하고 말았다.

❊ ❊ ❊

내가 고등학교에 다니던 시절에도 소위 주요 과목이 있

었다. '국영수사과'라는 다섯 글자는 항상 세트처럼 붙어 다녔다. 국영수사과 다섯 과목을 제외한 나머지 과목은 비주요 과목이었다. 기술·가정, 음악, 미술, 체육, 제2외국어가 대표적인 비주요 과목이었다. 수능에서 '국영수사과' 다섯 과목을 모두 필수로 치렀기에 이 다섯 과목에만 몰두하기에도 시간이 부족했다. 그러니 나머지 과목들은 찬밥 신세였다. 교사의 입장이 되어 당시 선생님들의 마음을 헤아리니 '죄송합니다'라는 말이 절로 나올 만큼, 다른 과목에는 철저히 무관심했다.

요즘 아이들은 국영수사과 다섯 과목마저 가성비를 따져가며 공부를 한다. 수능에서 필수로 응시해야 하는 과목은 한국사뿐이다. 나머지 과목은 응시 여부를 선택할 수 있다. 물론 국어, 수학, 영어 영역은 대체로 응시하지만 어쨌든 선택권이 주어진다. 사회 탐구와 과학 탐구 영역은 각각 세부 과목을 한 개 또는 두 개 선택해서 응시한다. 특히나 수시로 대학에 가고자 할 경우에 수능은 최저 학력 기준만 맞추면 된다.

최저 학력 기준을 맞추려는 아이들은 가성비가 높은 과목을 공부한다. (대학에서 요구하는 과목의 수가 모두 다르므로,

몇 과목을 공부할지가 결정되면 그중에서 가성비가 높은 과목을 선택하는 것이다.) 아이들 입장에서 가성비가 높은 과목은 사회 탐구 영역과 과학 탐구 영역이라고 한다. 암기 과목은 아니지만 지식을 요구하는 문제가 많아서 어느 정도 암기를 하고 기출문제나 관련 문제를 많이 풀어보면 등급이 나온다고. 그에 비해 국어 영역은 단시간에 성적을 올리는 게 불가능하기도 하거니와, 오랜 시간을 투자한다고 하더라도 등급을 보장받기 어려운 과목인 것이다.

고개를 끄덕일 수밖에 없었다. 아이들은 필요에 의해 공부를 하고, 지금의 국어 영역 시험은 그 필요에 부합하지 않는다. 너무도 과한 배경지식을 요구하고(배경지식으로 푸는 문제가 아니라고 하지만 배경지식이 있고 없고가 문제 풀이 과정에 실질적인 차이를 만들어낸다), 등급을 가리기 위해 킬러 문항을 심어두고, 듣도 보도 못한 지문을 가지고 와서 혼란에 빠뜨리는 국어 영역에 모험을 거느니, 명확한 지식을 요구하는 다른 과목을 공부하겠다는 아이들에게 국어 교사인 나는 어떤 말을 해줄 수 있을까.

* * *

"샘, 시험을 위한 공부 말고, 다시 책 읽기 하면 안 돼요?"

시험에 나오는 내용을 다루는 수업이라고 하더라도 아이들이 그렇게 느끼지는 않았으면 했다. 나름대로는 활동지를 만들어 토의도 하고 탐구 활동도 하게 했는데……. 한 학기 내내 좋은 책을 읽고 자기 생각을 쓰고 친구들과 감상을 나누는 그런 수업만 할 수 있다면 얼마나 좋겠는가마는, 평가가 있는 이상 그것은 내 욕심이었다.

"샘도 그러고 싶어. 너희와 읽고 쓰고 말하고 듣고, 삶을 나누는 수업만 하고 싶다. 그런데 너희들 모두 대학에 가고 싶어 하고, 그러려면 시험을 쳐야 하잖아. 그럼 샘은 시험을 위한 수업도 완전히 무시할 수는 없어. 이 제재는 수능에서도 정말 중요하니까 그래도 즐겁게 읽어보자!"

앞으로도 국어는 가성비 좋은 과목이 되기 어려울 것이다. 어쩌면 점점 더 가성비 떨어지는 과목이 될지도 모른다. 이런 상황에서 나는 어떤 수업을 해야 할까.

지금 내가 내린 유일한 답은, 가성비가 떨어진다면 '가심비'가 높은 수업을 해야겠다는 것뿐이다. 가심비는 가격 대비 심리적인 만족감이다. 심리적인 만족감이 높은 수업을 하는 것. 아이들의 아픈 마음을 어루만지고 감당하기 어려운 갈등을 객관화하도록 도우며, 그러한 마음을 말과 글로 드러내게 하는 일. 그 매개로 좋은 텍스트를 제공하고 신뢰할 수 있는 교실 분위기를 만들어가는 것.

그래! 가성비는 떨어져도 가심비는 높은 수업을 해야지. 적어도 아이들에게 외면받는 국어 수업은 하지 말아야지. 아이들의 필요에 맞닿은 수업은 아닐지라도 삶에는 꼭 맞닿은 수업을 해야지. 당장의 공부는 포기할지라도 함께 읽은 글과 마음을 담아 쓴 글은 오래도록 기억하게 해야지. 훗날 어떤 순간에 떠올리더라도 그때 우리 참 의미 있는 국어 수업을 했다고 떳떳하게 말할 수 있도록 오늘의 수업에 최선을 다해야지.

우리가 그림책을 읽는 이유

그림책 사십여 권이 실린 카트를 끌고 교실에 들어서자 아이들의 시선이 한 번에 쏠렸다.

"선생님! 카트 뭐예요?"

"엥? 그림책? 그림책은 아기들이나 보는 거 아녜요?"

"선생님 집에서 아기들 보는 거 다 가져오신 거 아닙니까?"

내가 무슨 말을 하기도 전에 아이들의 질문 세례가 쏟아졌다. 그럴 만도 했다. 고등학교 1학년 국어 수업에 그림책이라니. 궁금함이 폭발하는 것이 당연했다. 카트 주변으로 몰려들어 어수선한 아이들을 제자리에 앉히고 별다른 대답 없이 카트에 있던 그림책을 교탁 위로 모두 꺼냈다. 그림책의 화려한 표지들이 하나둘씩 보일수록 아이들의 호기심 온도가 더 높아지는 게 느껴졌다. 마지막 그림책까지 모두 교탁 위에 올려놓은 뒤에야 입을 열었다.

"애들아, 우리 앞으로 두 시간 동안 이 그림책들을 함께 읽어볼 거야. 그림책이라 글이 많지는 않다 해도 두세 시간 동안 이 책들을 다 읽지는 못하겠지? 그래도 한 사람당 여덟 권 정도는 읽어보면 좋겠어. 표지나 제목을 보고 마음이 끌리는 것들 위주로 읽어보자."

"선생님, 근데 갑자기 웬 그림책이에요?"

"좋은 질문! 선생님이 그림책을 가져온 이유는, 우리가 함께 해나갈 독서 프로젝트의 문을 여는 시간에 그림책을 읽어보는 게 좋을 것 같아서야. 지난 시간에 다차시 읽기 프로젝트 수업을 하겠다고 안내했었지? 다차시 프로젝트의 핵심 주제가 뭐였는지 기억나?"

"다름에 대한 이해요."

"오, 좋아! 맞아. 문학 작품을 읽으면서 나와 다른 타자의 삶을 이해해보고 내 삶도 돌아보는 것이었지? 프로젝트 전체의 종착역은 소설 읽기겠지만, 곧바로 소설 읽기를 시작하는 것보다는 그림책 읽기를 통해서 몸과 마음을 준비하는 시간을 가져보면 좋을 것 같아. 긴 소설을 읽기 전에 가볍게 그림책부터 읽으면서 읽기 워밍업을 해보는 거지."

고개를 끄덕이며 호기심 어린 눈빛을 빛내는 아이들에게 책 목록이 쓰인 활동지를 나누어주었다. 그 눈빛만으로도 이미 달뜬 기분이 되었지만 막상 아이들이 이 그림책들을 어떻게 읽어낼지는 알 수 없었기에 긴장도 되었다. 너무 가볍게만 봐서 읽기 워밍업은커녕 노는 시간이 되면 어쩌나 싶은 우려도 지울 수 없었다. 그냥 읽어만 보라고 하면 분명 그런 아이들도 있을 것 같아 활동지에 몇 가지 가벼운 활동을 넣어두었다. 책 목록 옆에 아이들이 직접 책의 별점을 매기고 책의 키워드를 써볼 수 있도록 빈칸을 두었다.

그림책을 자유롭게 둘러보고 책 선정을 수월하게 하고자 교실 책상을 미음 자 형태로 만들었다. 가운데에 여분 책상을 몇 개 놓고 준비한 그림책을 모두 깔아두었다. 아이들은 가운데로 나와 여러 그림책을 살펴보고 넘겨보며 마음이 끌리는 책을 골라 자유롭게 읽기 시작했다.

유치할 것 같다고, 아기들이나 읽는 책이 아니냐고 그림책을 비웃던 아이들은 어느새 그림책의 세계로 빨려 들어가고 있었다. 소란했던 교실 분위기가 일순간 진지해지는 것이 피부로 느껴졌다. 이 순간을 기다리며 방학 내내 그림책을 고르고 또 골랐다. 심지어 사비를 털어 모든 그림책을 준비했으니 들인 비용도 만만치 않았다. 그 시간과 지출이 헛되지 않은 것 같아 뿌듯함이 몰려왔다.

✽ ✽ ✽

육아를 하면서 그림책을 많이 읽었다. 읽다 보니 그림책이 어린이들이나 읽는, 유치하고 단순한 것이 아니라는 생각이 들었다. 오히려 명확하게 메시지를 전달하는 책도 많았고, 길게 말하지 않아서 더 선명하게 기억되는 책도 많았다. 소설 읽기 수업을 하고 싶다고 마음먹은 뒤, 소설을 읽기 전에 아이들의 감수성과 의식에 자극을 줄 수 있는 그림책 읽기를 먼저 해보면 어떨까 생각했다.

읽기가 자연스러운 아이들이라면 바로 소설을 읽어도 무리가 없겠지만 내가 가르치는 아이들은 읽기와 거리가 아주 먼 아이들이었다. 교과서에 나오는 단편소설의 일부를 읽는 것조차 힘겨워하는 아이들이 태반이었다. 그래서 바로 소설 읽기를 하기보다는 주제와 관련 있는 그림책을 먼저 읽어보며 읽기에 관한 흥미와 관심을 돋우고 싶었다.

고등학교 국어 수업에서 활용할 수 있는 그림책 관련 자료를 찾아보았지만 유사한 사례가 거의 없었다. 책의 목록부터 새로 만들어야 했다. 도서관과 서점을 뒤지고 그림책 전문가들의 소개글을 찾아 읽으며 사십여 권의 그림책을 선정했다. 장애인, 소수자, 동물권 등을 다룬 그림책들을 골라 목록화했다.

"와, 인간들 너무하네."

"야, 너도 맨날 고기 타령하면서 무슨!"

"그건 그렇지만…… 이렇게 그림으로 보니 좀 그렇네!"

과도한 육식 문화로 동물권이 심각하게 침해받는 내용을 다룬 그림책을 읽은 아이들의 입에서 탄식이 흘렀다.

"아니, 이 그림은 너무 귀여운데?"

"그림만 보면 그냥 귀여운 게 끝인데, 결국 서로 다른 사람들이 섞여야 더 나은 세상이 된다는 심오한 내용이더라."

"오. 이런 그림으로 그렇게 심오한 이야기를 한다고?"

서로 다른 색깔들이 자기가 더 잘났다며 서로를 배척했

지만 우연히 색깔들이 섞이며 더 다채로운 세상이 되었다는 그림책을 읽은 아이들의 대화였다.

타자의 삶을 이해한다는 것은 너무 거대한 가치라서 말로 해서는 아이들의 마음이나 머리를 움직이기 어려웠다. 너무나 당연한 말, 당연해서 오히려 식상한 말이 된 문장을 아이들이 마음으로 이해하고 받아들였으면 했다. 그런 점에서 그림책으로 수업 열기는 꽤 적절한 방법이었다. 단순하지만 정확하게 전달되는 메시지, 시각적으로 바로 와닿는 자극은 아이들의 읽기 온도를 올리기에 제격이었다.

아이들은 두 시간 동안 정말 진지하게 그림책을 읽었다. 먼저 읽은 책을 서로에게 권하기도 하고, 같은 책을 읽은 아이들끼리는 책 내용에 관한 대화가 자연스럽게 이어지기도 했다. 모든 그림책이 고루 사랑받았지만 몇몇 그림책은 대기자 명단이 생기기도 했다. 쉬는 시간을 알리는 종이 쳤는데도 "샘! 읽던 것만 마저 읽을게요!"라거나 "샘, 한 권만 더 읽어보면 안 돼요?" 하고 외치는 통에, 덩달아 나까지 쉬는 시간도 없이 바로 다음 수업에 들어가야 하는 해프닝이 종종 생겼다.

* * *

    한 시간 한 시간의 진도가 급한 고등학교 국어 수업에서 두 시간을 꼬박 내어 그림책 읽기라니? 시험 문제에 낼 수도 없고, 수능 시험과는 더욱 관련이 없으며, 수행평가로 그림책 쓰기를 할 것도 아니면서? 과연 이 수업이 어떤 의미가 있을까? 정말 필요한 시간일까?

    수업 시간에 그림책을 읽겠다고 결심한 후에도 내 안에서 수많은 의문이 연기처럼 피어올랐다. 마음을 다잡고 단단히 먹어도 진도에 대한 부담이나 평가에 대한 부담을 완전히 내려놓는 것은 언제나 어려운 일이었다. 심지어 국어 수업을 나 혼자 하는 것도 아니고, 함께 수업을 나누어 하는 선생님도 있었기에 부담은 더 컸다. 동료 선생님에게 내가 하고자 하는 수업의 방향과 구체적인 내용을 먼저 말씀드리고, 그 대신 내가 수행평가와 생활기록부 기재를 맡으면 어떻겠냐고 제안했다. 동료 선생님은 너무 부담이 크지 않겠냐며 도리어 나를 염려해주었다. 그리고 아이들 입장에서 국어 수업 시간에 다채로운 텍스트를 접할 수 있다면 정말 좋은 일 아니겠냐며, 한두 시간 진도를 더 나가는 것보다 그게 훨씬 더 의미 있을 것 같다며 큰 용기까지 주었다. 혼자만 고민할 때는 부담이 컸지만, 동료 선생님과 의견을 나누고 나니 마음이 한결 가벼웠다. 그렇게 준비한 수업이었다.

다행히도 아이들의 반응은 뜨거웠다. 그림책을 읽으며 '책으로 대화하기'가 저절로 이루어졌다. 내가 꿈꾸는 국어 수업 중 하나가, 수업에서 다룰 제재를 매개로 아이들이 수다를 떠는 수업이었다. 수다를 떤다고 하니 왠지 잡담이 난무하는 수업 같지만, 수업 제재를 매개로 떠는 수다는 조금만 형식을 갖추면 독서 토의가 되었다.

아이들은 그림책을 읽으며 내가 의도한 것 이상의 몰입을 보여주었고, 유사한 내용을 다르게 표현한 그림책들을 비교해가며 친구들과 서로 생각을 나누었다. 더 많이 읽지 못해 아쉬워하는 아이는 물론이거니와, 쉬는 시간에 따로 나를 찾아와 그림책을 빌려줄 수 있냐고 물어보는 아이도 있었다.

국어 교사로서 내가 지닌 책무는 많고도 많지만, 가장 중요하게 생각하는 것 하나만 손꼽으라면 아이들이 읽고 쓰기로부터 멀어지지 않도록 하는 것이다. 그중에서도 좋은 텍스트를 많이 읽을 수 있는 기회를 제공하는 데 더욱 마음을 쏟고 있다. 교과서를 통해서는 한정된 텍스트밖에 접할 수 없기에 더 다채로운 텍스트를 제공하기 위해 끊임없이 새로운 글과 책을 찾아 헤맨다. 그림책 읽기 역시 그 맥락에서 용기를 낸 수업이었다. 그림책으로 읽기 온도를 올린 덕분인지, 이후에 이어진 장편소설 읽기는 훨씬 수월하게 진행할 수 있었다.

그림책 읽기 프로젝트가 모두 마무리되고 나서 한 아이는 이런 소감을 남겨주었다.

처음에 그림책 읽기부터 시작한다고 해서 좀 유치하지 않을까 생각했다. 그림책은 주제와 서술되는 내용이 가벼울 거라고 여겼는데, 실제로 읽어보니 깊은 생각에 잠기게 하고 나의 행동을 되돌아보고 반성하게 하는 내용이 많았다. 자칫 무거울 수 있는 내용을 그림과 비교적 짧은 글과 함께 서술하여 쉽게 볼 수 있어서 좋았다. 프로젝트를 진행하며 단지 진도를 나가고 암기하는, 오직 시험만을 위한 수업이 아닌 정말 학생 개개인을 위한 수업을 할 수 있었다고 생각한다. 우리가 평상시에 생각해볼 수 없었던 타인과 나의 차이, 타자를 이해하는 것 등에 대해 깊이 있게 생각해보고, 또한 다른 사람들과 생각을 나눠볼 수 있는 소중하고 뜻깊은 시간이었다.

비단 이 아이만 그렇게 느낀 것이 아니었다. 그림책 읽기 수업에 대한 소감 대부분이 그랬다. 유치할 줄 알았지만 읽을수록 생각이 달라졌다, 무거운 주제를 그림으로 선명하게 보여주니 더 뇌리에 깊이 박힌 것 같다 등. 그림책 읽기 수업을 계획하면서 내가 꿈꾸던 반응들이 아이들의 소감에 모두 드러났다. 나도 아이들과 마찬가지로 그림책의 진가(眞價)를 알기 전에는 그림책이 영유아만을 위한 것이라고 생각했었다. 텍스트가 적고 그림과 여백이 많은 책이니까. 하지만 그림과 여백이 바로 생각할 거리였다. 그림책을 읽어내는 것은 시를 읽어내는 것과 유사했다. 상징과 비유를 찾고 생략된 표현을 발견하며 작가가 진짜 말하고자 하는 바를 찾아가는 것.

나아가 이번 수업에서 고른 그림책의 주제들은 대부분 공감, 이해, 존중 같은 큰 가치와 닿아 있었다. 그림책을 매개로 보다 편안하게 공감, 이해, 존중 등의 가치를 말하고 들을 수 있다면 그 또한 의미 있는 일이었다. 진지한 것을 못 견뎌 하는 요즘 아이들이 그런 가치를 부담 없이 입에 올릴 수 있다면, 한두 시간 진도를 더 나가는 것보다 훨씬 더 의미 있는 수업이 되리라 믿었다. 꼭 내 마음에 들어왔다 나간 것 같은 또 다른 아이의 소감을 인용해 말하자면 "진도도 중요하지만 이런 수업을 하면서 깨닫게 되는 것들이 사람으로서 살면서 더 중요한 영향을 끼치는 것"이 될 수 있다고 믿었다.

아이들이 남겨준 소감을 보며 내가 애쓴 시간에 대한 모든 보답을 받았다. 아이들의 삶에 조금이라도 좋은 영향을 주는 국어 수업을 꿈꿨는데, 이만하면 충분한 것이 아닌가 싶다.

'나'를 떠올려보기를
바라는 마음

주위에서 모두가 열심히 사는 것 같은데 나만 계속 폐인처럼 사는 것 같다. 다른 이와 비교했을 때 너무 뒤처진다는 느낌이 든다. 이대로 좋아하는 것도 찾지 못하고 내 인생이 끝날 것만 같다. 나는 꿈도 희망도 없는 사람인 것 같다.

어디서 퍼 온 글이 아니다. 나와 수업을 하는 고1 아이가 쓴 글이다. 이 글을 읽고 한동안 멍했다. 익명으로 쓴 글이라 누구의 글인지는 알지 못한다. 익명으로 저 단어들을, 문장들을 타닥타닥 써 내려간 아이의 마음을 도대체 어떻게 어루만져주어야 하는 걸까. 자신을 비관하는 아이에게 문법을 가르치고 문학을 가르치는 게 어떤 의미가 있을까. 오래 고민해도 답이 없는 물음은 커져만 간다.

∗ ∗ ∗

　정약용의《수오재기守吾齋記》라는 고전수필을 배우는 시간이었다.《수오재기》는 정약용이 신유사화에 연루되어 귀양을 간 이후에, 큰형님 정약현의 서재 이름인 '수오재'의 의미를 깨달아 쓴 글이다. '수오재'는 '나를 지키는 집'으로 풀이되는데, 정약용은 처음에 그 이름의 의미를 이해하지 못했다고 고백한다. "나와 단단히 맺어져 서로 떠날 수 없기로는 '나'보다 더한 게 없다. 비록 지키지 않는다 한들 '나'가 어디로 갈 것인가. 이상한 이름이다"라고 의아해할 뿐이었다. 하지만 입신양명을 위해 10년간 과거 공부에만 매진하고 이후 벼슬살이를 하다가 갑자기 귀양을 가게 되면서 그는 '나를 허투루 간수했다'는 사실을 깨달았다. 결국《수오재기》는 '나'를 지키며 사는 삶이 얼마나 중요한가에 대한 통찰이 드러난 글이다.

십 대 아이들에게는 어려운 글이다. 일단 고전이기에 어휘부터 어렵다. 그런데 내용마저 '나를 지키는 삶'이라니! 아이들이 읽기에 막막할 수밖에 없다. 조선 후기의 손꼽히는 학자인 정약용에게도 와닿지 않았던 '수오'의 의미를 지금 열일곱 살이 이해하기란 하늘의 별 따기에 가깝다. 어떻게 하면 이 이야기를 자기 삶과 연결지어 조금이라도 현실감 있게 이해하도록 도울지 고민하다가, 수업의 도입부에서 두 학생의 이야기를 보여주었다. 하나(A)는 다람쥐 쳇바퀴 돌듯 학교와 학원을 오가며 목적도 없고 의미도 없는 생활에 지친 학생의 이야기였다. 다른 하나(B)는 똑같이 학교와 학원을 오가지만 일과 속에서 끊임없이 스스로에 대해 고민하고 자신의 꿈과 목표를 스스로 결정하며 힘든 순간을 이겨낼 힘을 얻는 학생의 이야기였다.

아이들에게 두 학생의 이야기 가운데 더 공감 가는 것에 '좋아요'를 눌러보라고 했다. 아주 당연하게도 대다수의 아이가 A의 이야기에 '좋아요'를 눌렀다. 충분히 예상한 결과였지만 수치로 대면하니 씁쓸했다. '좋아요'를 누른 글 아래에 댓글을 달아보라고 했더니 꽤 많은 아이가 댓글을 달았다. 그 댓글들이 참 슬프고 아팠다.

> ㄴ아무 생각 없이 학교, 학원, 일상을 반복하는 것이 힘들고 주
> 변 사람들의 이야기를 들으면 나만 못하는 것 같다.
> ㄴ나 스스로가 하고 싶은 일은 진로가 될 수 없다고 무의식적으
> 로 되뇌고 있는 것 같아 아쉽다.
> ㄴ삶이 아무 의미 없이 반복되는 것 같다. 열심히 노력하고 공
> 부해야 되는 걸 알면서도 실천에 옮기기가 힘들다.
> ㄴ인생이 너무 쓰다. 다른 친구들도 나처럼 고생하는데 나만 뒤
> 처지는 것 같고 나만 힘들어하는 것 같아서 죄책감이 든다.
> 난 제대로 하는 일이 없는 것 같다.

청춘이라는 단어도 아직 어울리지 않는, 푸릇푸릇한 새
싹 같은 아이들인데, 그런 아이들이 죄책감을 느낀다고 했
다. 나만 뒤처지는 것 같고 나만 제대로 하는 일이 없는 것
같고 삶이 아무 의미 없이 반복되는 것 같다고. 무슨 말을 해
도 위로가 되지 않을 것 같았다. 심호흡을 한 번 하고 지금
한 생각을 마음에 잘 담아둔 채로 함께 《수오재기》를 읽어
보자고 했다. 그리고 정약용이 왜 그런 깨달음에 가닿았는

지 이야기해보자고 했다. 이 글을 통해 우리가 배우고 느껴야 할 것이 무엇일지 생각해보자는 말도 덧붙였다.

* * *

아이들은 진지하게 《수오재기》를 읽었다. 정약용이 벼슬길에 나아가는 동안 '나'를 잃었다는 표현에서 자신의 삶을 돌아보는 아이도 있었다. 자기도 입시를 준비하면서 열심히 공부하긴 하지만 가끔 왜 이걸 하고 있는지, 내가 진짜 바라는 건 무엇인지 생각해볼 때가 있다고 했다. 돈을 많이 벌 수 있다고 해서 진로를 결정하고 열심히 생활기록부를 준비하고 있긴 하지만 그게 자기랑 잘 맞는 일인지, 정말 재미있게 할 수 있는 일인지는 모르겠다고도 했다. 어떤 아이는 자기가 뭘 좋아하고 뭘 잘하는지가 뭐가 중요하냐며, 남들이 다 하니까 그냥 하는 거고 그것도 안 하면 진짜 아무것도 안 될 것 같아서 그저 불안하기만 하다고 자조하기도 했다.

아이들의 말을 들으며 '나'를 지키는 일에 대해 생각했다. 십 대의 끝자락을 보내는 아이들, 이 아이들이 지고 있는 삶의 무게에 대해. 학교 교육에서 자아 탐색과 진로 탐색은 매우 중요한 부분이다. 그러나 정말 본질적인 자아 탐색과 진로 탐색이 이루어지는지는 언제나 의문이다. 아이들은 늘 무언가에 쫓기듯이 매일의 과업을 해내고 있다. 그 사이에서 '나'의 본질을 고민하고 자아를 들여다보는 일은 얼마나 하찮아지고 마는지. 스스로를 고민하고 성찰하는 힘을 길러야 하는 시기에 오직 입시에만 매달리는 아이들을 바라보는 마음은 무력하기만 하다.

생각해보면 나의 십 대도 그랬다. 한 번도 스스로를 진지하게 고민해볼 틈이 없었다. 매일 해내야 하는 일들을 무사히 해내는 것만으로도 버거운 시기였다. 어찌 되었든 그 시기를 무사히 지나 지금의 나는 '나'를 지키기 위해 부단한 노력을 기울이고 있다. 마흔이 넘어서야 깨달은 '수오'의 의미를 십 대 아이들에게 제대로 가르칠 수는 없을 것이다. 다만 한 번쯤 생각해보게 하고 싶었다. 정약용의 뒤늦은 깨달음을 진지하게 들여다보며 '나를 허투루 간수하다가 나를 잃는 사람'이 되지는 않았으면 했다.

모든 사람에게 진실한 직분이란 단 한 가지였다. 즉 자기 자신에게로 가는 것. 사람들은 결국 시인 혹은 광인이, 예언가 혹은 범죄자가 될 수도 있었다. 그것은 관심 가질 일이 아니었다. 그런 것은 궁극적으로 중요하지 않았다. 누구나 관심 가져야 할 일은 아무래도 좋은 운명 하나가 아니라 자신의 운명을 찾아내는 것이며, 운명을 자신 속에서 완전히 그리고 굴절 없이 다 살아내는 일이었다.

—헤르만 헤세, 《데미안》 중에서

꽤 많은 아이가 수업 소감에 '나도 나를 잃어버리고 살았다는 것을 깨달았다'라고 써냈다. 아이들의 깨달음은 그리 깊지 않을 수도 있다. 그리 오래가지 않으리라는 것도 안다. 수업 종이 울림과 동시에 '나'를 까마득히 잊어버린 채 기계처럼 다음 시간을 준비하고 며칠 뒤에 있을 시험을 준비하느라 분주할 것임도.

그래도 《수오재기》를 함께 읽었던 시간만큼은 잠시나마 잃어버린 '나'를 떠올릴 수 있었던 시간으로 기억하면 좋겠다. 그런 시간이 쌓이고 쌓여 '좋은 운명 하나가 아니라 자신의 운명을 찾아내'는 아이들이 많아지는 세상을 꿈꾼다. 나아가 그 '운명을 자신 속에서 완전히 그리고 굴절 없이 다 살아내는' 아이들이 많아진 세상을.

샘은 진짜 행복해 보여요

'문학을 통해 나를, 타인을, 세상을 이해한다'라는 문학 수업의 본질적인 목적과 달리, 아이들이 문학 수업에서 목표하는 바는 좋은 점수를 얻는 것(내신에서 좋은 성적을 받고, 수능에서 원하는 등급을 받는 것)이다. 아이들이 목표하는 바가 그러하니 수업을 설계하는 교사 입장에서도 고민이 깊을 수밖에 없다. 문제 풀이가 아니더라도 아이들을 설득해 문학 작품 앞으로 이끄는 수업을 설계해야만 하니까.

이번에 고2 아이들과 현대시 수업을 하면서도 고민이 많았다. 특히나 '시'는 정서를 다루는 문학이므로, 좋은 시를 함께 읽고 시의 정서를 나누며 공감하고 이해하는 수업을 하고 싶었다. 그러나 아이들은 입시의 문턱에 선 고2였다. 강의식 수업에 대한 열망을 무시로 드러냈다.

"샘이 그냥 설명해주면 안 돼요?"

"샘이 정리해주면 안 돼요?"

아이들의 요구를 저버리기 어려웠지만 그것만 하고 싶지는 않았다. 내가 열심히 강의하고 아이들이 열심히 나의 말과 필기를 받아 쓰는 게 정말로 시를 배우는 수업일까. 아무리 생각해도 아니라는 결론에 닿았다.

수능 체제 아래에서 시를 분석하고 이해하는 것은 외면할 수 없는 부분이지만 시를 온전히 느끼는 단계 없이 분석과 이해만 강조해서는 도무지 문학 수업을 한다는 생각이 들지 않을 것 같았다. 시간이 걸리더라도 아이들과 시로 대화를 해봐야겠다고 생각했다. 내용도 충분히 다루면서 그 내용을 통해 느끼고 깨달은 점을 저마다의 언어로 표현하게 하고 싶었다.

무엇보다 시를 선정하는 데서부터 심혈을 기울였다. 시는 정서를 다루는 문학이므로 아이들의 정서와 너무나 동떨어진 시는 처음부터 배제했다. 현대시 여섯 편을 고르고 활동지를 만들었다.

시 수업의 진행 방식은 이랬다.

시 낭독 → 시 전문 필사 → 인상 깊은 구절 표시 및 모둠원과 공유 → 모둠원과 함께 시적 상황 파악 및 시의 메시지 유추 → 전체 공유 → 짧은 강의 → 감상 쓰기

필사부터 저항이 컸다. 그냥 눈으로 보면 되는데 왜 이걸 똑같이 베껴 쓰느냐, 손가락만 아프다, 얼마나 불만이 많던지. 내 기준에서 필사는 꼭 필요한 단계였다. 시를 그저 눈으로 후루룩 읽을 때와 소리 내서 읽을 때, 손으로 베껴 쓸 때는 모두 다른 감각이 작동했다. 다양한 감각으로 읽은 시는 눈으로만 읽은 시와는 다른 느낌을 주었다. 불만이 가득한 아이들을 어르고 달래 필사를 하게 했다.

그나마 필사는 나았다. 그대로 베껴 쓰면 되니까. 처음 보는 시의 내용을 교사의 설명 없이 친구들과의 대화만으로 이해하는 것은 더 어려운 문제였다. 첫 두 차시까지는 갈피도 못 잡는 아이들이 많았다. 시에 드러난 정보만으로 화자

와 대상, 상황을 파악해보라고 해도 놓치는 것들이 많았다. 시를 꼼꼼히 읽고 화자의 입장이 되어 시적 상황을 상상하는 연습이 필요했다.

3차시쯤 되니 제법 시를 풀어내는 아이들이 보였다. 정확한 이해가 선행되어야 공감이나 비판이 가능하므로 왜곡 없이 시를 보는 방법을 계속 반복하게 했다. 시 한 편을 이해하는 데 한 시간으로 부족한 경우도 있었다. 그럴 때는 과감하게 두 시간을 할애했다. 진도 나가기에 조급하면서도 안 되면 보강이라도 하겠다는 마음을 먹은 터였다. 자기 언어로 시를 이해하고 그것을 함께 나누며 시적 상황을 상상하는 경험은 충분히 가치 있는 것이라고 믿었다.

아이들은 스스로 이해한 내용에 오류가 있을까 두려워했다. 당연했다. 어쨌든 지필 평가에서 다루어야 하는 시니까. 모둠끼리 내용 정리가 끝나면 전체적으로 그 내용을 공유했다. 각 모둠의 언어 표현이 조금씩 달랐을 뿐 다행히 아예 어긋난 방향으로 나아간 모둠은 없었다. 아이들이 활동하는 동안 계속해서 돌아다니며 순회 지도를 한 덕분이었다. 전체 공유가 끝나고도 부족한 부분은 나의 설명으로 채우고 모호한 표현은 적확한 언어로 한 번 더 정리해주었다.

마지막으로 아이들 각자 시를 읽고 느낀 점이나 생각한 점을 썼다. 생각이나 느낌에는 결코 정답이 없음을 강조하고 어떤 것도 좋으니 자기의 솔직한 감정을 쓰라고 했다. 수업이 끝나면 활동지를 모두 걷어 가 아이들이 쓴 느낌을 읽었다. 같은 시를 읽고도 이렇게 다양한 생각을 할 수 있다는 걸 새삼 확인한 수업이었다.

＊　＊　＊

　　아이들과 함께 본 것 중에서 반응이 가장 뜨거웠던 시는 송찬호 시인의 〈구두〉였다. 현실에 안주하던 삶의 태도에서 벗어나 이상(꿈)을 향해 자유롭게 비상하고자 하는 의지가 드러나는 시이다. 한 반에서 아이들과 시의 의미에 관해 이야기 나누던 중이었다.

　　"얘들아, 너희들도 진로 선택을 할 때 현실과 이상 사이에서 고민이 많지? 진짜 하고 싶은 일이 있지만 부모님이 반대하실 수도 있고, 그 일이 진짜 전망이 어두운 일일 수도 있고."

　　아이들은 고개를 끄덕였다. 실제로 자기가 하고 싶은 일을 할 수 있을까에 대한 고민은 열여덟 살 아이들에게 심각하고도 깊이 있는 문제였다. 어떤 아이는 그래도 현실적으로 생각해야 한다고 했고, 어떤 아이는 그래도 이상이 중요하다고 했다. 열띤 토론을 잠시 지켜본 뒤 말을 꺼냈다.

"애들아, 샘은 지금 현실과 이상이 거의 일치된 삶을 살고 있는 것 같아."

아이들이 환호했다. 몇은 "샘, 그래 보여요!"라고 말해주기도 했다. 아이들의 환호가 사그라들 때쯤 말을 이었다.

"나는 이십 대 초반까지 선생님이 되고 싶다고 강렬하게 열망한 적이 없었어. 현실적인 이유로 이 일을 선택했지. 그런데 10년이 좀 지난 지금에 와서 생각해보니 이 일이 나한테는 천직인 것 같아."

이야기를 시작할 때까지만 하더라도 (모둠 자리대로 앉은 터라) 교탁 앞에 서 있는 나에게 등을 보이고 앉아 있던 아이들도 있었다. 이야기가 이어지는 동안 아이들은 모두 내 쪽을 향해 자세를 고쳐 앉았다. 나를 바라보는 아이들의 눈동자가 더해질수록 말에 책임감이 느껴졌다. 평소 수업 시간에 개인적인 이야기를 거의 하지 않던 내가, 그날만큼은 고등학교 시절과 대학 시절, 어떤 과정을 거쳐 교직에 들어섰는지, 교직에 있는 동안 어떤 힘든 일을 겪었는지 솔직하게 이야기했다. 현실적인 이유로 선택한 교직에서 만족스러운 거라고는 매달 꼬박꼬박 들어오던 월급뿐이었던 시절도, 그 시절을 거쳐 지금에 이르기까지의 과정도, 그리고 지금 너희들을 만나 내 교직 인생에 꽃이 피고 있다는 것도.

"샘, 다른 학교 가서도 다 그렇게 말하는 거 아녜요?"

끓어올랐던 교실 온도를 일순간에 떨어뜨린 한 아이의 질문. 그 질문에 내가 하는 말이 진심처럼 느껴지지 않은 걸까, 입에 발린 소리라고 느낀 걸까, 순간 머뭇했다. 하지만 자신 있는 목소리로 이렇게 말해주었다.

"다른 학교에 가서도 이렇게 말할 수 있다면 정말로 행복한 교사겠지?"

질문했던 아이는 피식 웃었다. 나를 바라보는 그 아이의 눈빛에서 온기가 느껴졌다. 다른 아이들도 덩달아 "와~!" 하고 소리 내 웃었다. 이어진 제일 앞에 앉아 있던 아이의 말.

"샘은 진짜 행복해 보여요."

뭉클했다. 수업을 통해 진심이 전해지는 기적을 경험할 수 있어서. 그것도 '시'를 통해 마음을 나눌 수 있어서. 그 마음을 안고 아이들의 고민에 응원의 말을 건넸다. 현실과 이상이 달라서 힘들다는 아이들에게 그 둘을 맞춰나가는 시간 또한 의미 있는 것이라고 말해주었다. 충분히 흔들리고 방황하고 머뭇거려도 괜찮다고. 깊이 고민하고 다양하게 경험할수록 끝내는 행복한 삶에 가닿을 수 있을 거라고.

우리는 선생님들에게 무엇을 배웠나? 국어 문법과 수학 공식, 영어 단어만을 배웠나? 그렇지 않다. 선생님의 말투와 태도, 학생의 실수를 이해하는 인내, 격려와 응원의 우아한 품위가 더 기억에 남는다. 근의 공식은 까먹어도 선생님이 내게 주었던 따뜻한 말 한마디는 잊히지 않는다.

흔히들 교사는 교과를 가르친다고 생각하지만, 그것이 전부는 아니다. 교사는 학생들에게 의식적이든 무의식적이든 삶의 방식을 가르친다. 교사가 어떻게 말하고 행동하는지 학생들은 자기도 모르게 배워간다. 자신의 실수를 인내해주는 어른을 만나면 타인에 대해 포용성 있는 사람이 되고, 겁박하고 위협하는 어른을 만나면 폭력적인 사람이 된다.

—박종근, 《다시, 교사를 생각하다》 중에서

오랜 시간이 지나 아이들에게 〈구두〉라는 시의 본문은

잊히더라도, 이 시를 어렴풋이 떠올릴 때면 내가 아이들에게 전하고 싶었던 어른으로서의 진심이 떠오르길 바란다. 우리 그 시절에 참으로 행복하게 시를 나누고 시로 대화한 날이 있었다고. 꿈과 현실을 논하고, 행복한 삶을 이야기하던 날이 있었다고. 우리가 시를 배우는 시간이 삶을 돌아보고 진심을 전하는 시간이었다고.

글쓰기를 통한
작은 성장

"애들아, 이번 학기에 우리 수필 쓰기를 할 거야. 그것도 열 시간에 걸쳐서!"

"헐! 샘!!"

아이들의 원성이 교실을 울렸다. 충분히 예상한 바였으므로 당황하지 않고 말을 이었다.

"자, 오늘은 그 첫 시간! 샘이 너희들을 생각하면서 편지 한 통을 썼지. 한번 들어볼래?"

10차시의 글쓰기 수업을 안내하는 첫 시간, 전날까지 고민하며 고쳐 쓰기를 반복한 편지 한 통을 읽었다. 편지에는 내가 글쓰기를 시작한 계기와 우리에게 글쓰기가 필요한 이유, 여러 갈래의 글 중에서 수필을 쓰고자 하는 이유, 함께 쓸 글쓰기 주제를 두루 담았다.

단순 전달이 아닌, 함께 글을 쓰며 마음을 나눌 수 있기를 바라는 마음이 잘 전해지도록 단어를 고르고 골라 쓴 편지였다. 낭독이 끝나자 원성 가득하던 교실 분위기가 단번에 온기로 가득 찼다. 여전히 염려하는 눈빛을 보내는 아이들도 있었지만 기대에 찬 눈빛을 보내는 아이들이 더 많았다.

* * *

새 학기 수업을 준비하면서 아이들과 수필 쓰기를 해야겠다고 마음먹었다. 내가 맡은 학년은 고2. 진학에 대한 압박으로 매일이 불안하고 두려운 아이들이었다. 고민과 걱정이 많지만 누구에게도 선뜻 마음을 드러내놓지 못하는 아이들이기도 했다. 그 마음을 들여다보고 싶었다. 마음이 힘들 때 글쓰기로 마음의 먼지를 털어냈던 나로서는 글쓰기보다 좋은 도구를 알지 못했다. 이럴 땐 내가 국어 교사라는 것이 얼마나 감사한지!

시나 소설을 쓸 수도 있었겠지만 좀 더 일상적인 글쓰기를 하고 싶었다. 살아가는 동안 고민과 걱정을 털어놓을 도구가 필요할 때 글쓰기를 떠올리기를 바랐다. 그만큼 실제적인 글쓰기를 시도하고 싶었다. 수필은 쓰기 방법이 (시나 소설에 비해) 단순하지만 솔직한 경험과 감정을 담아내야 한다는 점에서 마냥 쉬운 갈래는 아니다. 그러나 자기감정을 쏟아내는 도구로 수필 쓰기만 한 것도 없었다.

수필 쓰기 수업의 주제는 '생각만 해도 좋은 한 가지에 대한 글쓰기'였다. 평소 좋아하는 것을 물어보면 '잘 모르겠다'라고 대답하는 아이들에게 마음이 힘들 때 기댈 수 있는 '단 한 가지'를 묻고 싶었다. 시중에 판매되고 있는 유명한 수필 시리즈 중 하나를 샘플 도서로 선정했다. 학기가 시작되기 전 도서관 예산으로 샘플 도서를 마흔 권 이상 구비했다. 아이들이 다양한 샘플 도서를 접하며 무언가를 좋아하는 마음으로 어려운 시기를 지나가는 이야기에 공감하길 바랐다. 나아가 자기만의 '한 가지'를 발견하여 힘든 순간이 와도 버텨낼 힘을 지니기를 기대했다.

첫 세 시간 동안은 샘플 도서를 모두 소개하고 마음에 드는 소재를 다룬 책을 골라 자유롭게 읽게 했다. 다른 이들이 어떤 것에 마음을 기대어 살아가고 있는지 엿보다 보면 조금은 수월하게 자신의 '한 가지'도 떠올릴 수 있을 거라 믿었다. 그렇게 즐거운 독서 시간이 끝나고 각자 자기에게 맞는 소재를 찾는 시간이 되었다. 그런데 아이들에게는 소재를 찾는 것부터가 엄청난 난관이었다. 예상 밖이었다. 좋아하는 것 한 가지쯤은 있지 않냐고, 힘들 때 무엇을 통해 힘을 얻냐고 물어도 아이들은 묵묵부답이었다. 아이들은 좋아하는 것도, 즐겨 하는 것도 없다고 했다. 최근에 만난 아이들 중에 우울감이 깊은 아이들이 많았는데 그 이유가 단번에 이해되었다. 마음을 기댈 곳이 한 군데도 없는 아이들의 삶이 우울하지 않을 도리가 있을까.

예시를 많이 들어주어야 했다. 좋아하는 색깔이나 계절, 스트레스 받을 때 먹는 음식, 즐겨 찾는 장소, 마음이 편안해지는 시간대, 여유 시간이 생기면 하는 일, 심란한 일이 있을 때 마음을 털어놓는 사람, 아무 생각 없이 몰입할 수 있는 일 등 구체적인 카테고리를 제시하고 마인드맵을 그리게 했다. 가지 뻗기가 많이 되는 항목을 찾아보게 하고 그 안에서 소재(글감)를 찾도록 했다. 좋아하는 게 없다던 아이들은 마인드맵을 그리며 생각보다 특정 항목에 자신의 경험이나 추억이 많이 녹아 있다는 걸 발견했다.

모두가 그랬다면 좋았겠지만 끝까지 글감을 발견하지 못하고 헤매는 아이도 있었다. 그중에서도 A는 깊은 우울감으로 일상생활에 어려움을 겪는 아이였다. A는 다른 아이들이 마인드맵을 빼곡하게 채우는 동안에도 "선생님, 좋아하는 걸 도저히 못 찾겠어요"라며 손에서 펜을 놓고 있었다.

"일단 선생님이랑 카테고리를 정하는 것부터 해보자. 여기 적혀 있는 시간, 계절, 장소, 취미, 사람, 음식, 색깔, 물건 중에서 몇 개만 골라보자. 처음부터 이야깃거리가 많은 걸 찾으려 고민하지 말고 그냥 그나마 네가 조금이라도 마음이 가는 걸 골라봐."

아이는 한참을 머뭇거렸다. 그러더니 "도저히 없는데요……"라며 울 것 같은 목소리를 내었다.

"좋아. 그럴 수도 있지. 그럼 샘이랑 같이 하나하나 짚어볼까? 그 전에 네가 관심조차 없거나 싫어하는 카테고리만 몇 개라도 좋으니 빼볼래?"

아이는 음식, 사람, 물건, 장소 등을 차례로 지워나갔다.

"그럼 시간부터 이야기해보자. 하루는 여러 시간대로 이루어져 있잖아. 새벽도 있고, 아침도 있고, 한낮도 있고, 늦은 오후, 노을 지는 저녁 시간, 밤…… 혹시 그중에서 특별히 좋아하는 시간이 있어?"

"엇. 샘, 저 노을 지는 시간 좋아해요."

"오! 좋다. 그럼 그때가 왜 좋은지, 그 시간과 관련해서 특별히 기억에 남는 일이 있는지, 위로받거나 힘을 얻은 기억 같은 게 있는지 등을 한번 생각해볼래?"

"떠오르는 게 몇 개 있어요. 샘, 저 한번 해볼게요."

조금 전까지 망연자실한 채 앉아 있던 아이가 자세를 고쳐 앉았다. 눈에는 전에 없던 생기가 비쳤다. 글감을 건져 올린 아이는 그 후로 거침없이 마인드맵을 채워나갔다. 글감은 아이의 내면에 있었다. 내가 한 일이라고는 자신과 대화하는 것이 어려운 아이의 대화 상대가 되어준 것뿐이었다.

차시를 거듭하며 다른 아이들도 모두 자기만의 '한 가지'를 구체적으로 그려나갔다. 아이들이 최종적으로 결정한 '한 가지'는 생각보다 더 다채로웠다. 고등학생들이 좋아하는 '한 가지'라고 했을 때, 흔히 떠올릴 만한 게임, 아이돌, PC방, 스마트폰은 별로 나오지 않았다. 노래, 친구, 산책, 봄, 여름, 바다, 가족, 애니메이션, 노을, 새벽, 그림 그리기, 다이어리 쓰기 등 예상 밖의 소재도 많았다. 아이들이 이런 곳에 기대어 살아가는구나 싶었다.

이 글감으로 이제 즐겁게 쓰기만 하면 되는 거였다. 마인드맵에 관련 경험을 최대한 구체적으로 나열하듯 써두라고 했기에 그걸 문장으로 이어붙이기만 하면 된다고 생각했다. 한 시간 만에 알았다. 내가 얼마나 말도 안 되는 기대를 했는지. 긴 글 쓰기를 제대로 배워본 적 없던 아이들은 그때부터 진짜 길을 잃은 듯 헤매기 시작했다. 그제야 본격적인 글쓰기 수업이 시작된 셈이었다.

✳ ✳ ✳

글감이 풍부하지 않으면 글쓰기가 어려운 게 당연하지만 글감이 풍부하다고 해서 글쓰기가 쉬워지는 것은 아니다. 평소 글쓰기를 생활화해온 사람이 아니고서야 글감이 있다고 뚝딱 글을 써낼 수는 없다. 더군다나 자발적인 목적으로 시작한 글쓰기가 아닌, 수업의 일환으로 글쓰기를 시작한 아이들이 글감만으로 글을 완성한다는 건 어불성설이었다.

미리 제공했던 샘플 도서에서 글감을 글로 풀어가는 방

법의 예시를 찾았다. 경험을 구체적인 장면으로 묘사할 것 (눈에 그려지듯 구체적으로 서술하는 게 포인트!), 대화체를 살려 쓸 것, 작은따옴표를 통해 자기 생각을 직접적으로 제시할 것, 글쓴이의 생각이나 가치관을 상세한 예시 나열을 통해 표현할 것까지, 샘플 도서에서 네 가지 방법이 잘 드러나는 부분을 발췌해 활동지를 만들었다. 이미 10년 이상 국어를 배워온 아이들이기에 묘사나 대화체, 생각 제시, 예시 나열 등의 개념을 모르는 아이는 없었다. 그러나 개념을 아는 것과 그것을 자기 글에 적용해서 표현하는 것은 전혀 다른 차원의 문제였다.

아이들은 모둠별로 예시 자료를 살펴보고 특정 상황을 가정해서 한 문장을 열 문장으로 만들어 쓰는 방법을 실습했다. 한 문장이 열 문장이 되는 마법을 직접 경험하며, 구체적이고 상세한 글일수록 생동감이 느껴진다는 것을 익히기를 바랐다. 이 방법이 모두에게 통했다고 할 수는 없겠지만 이 과정을 통해 많은 아이가 긴 글 쓰기에 대한 부담을 조금은 내려놓았다고 했다.

이후 곧바로 본격적인 글쓰기를 할 수도 있었으나 아이들은 계속해서 글쓰기에 두려움을 드러냈다. 짧은 글 쓰기부터 해야겠다고 수업 경로를 변경했다. 자기가 쓰고자 하는 에피소드 세 개를 결정하고 이를 각각 한 문단으로 써보게 했다. 한 문단이면 에피소드와 관련된 경험을 압축적으로 요약해서 쓰는 것만으로도 충분했다.

아이들은 어려움 없이 한 문단 쓰기를 해냈다. 이후 각자가 쓴 한 문단을 모둠끼리 돌려 읽게 했다. 돌려 읽으며 친구의 한 문단 글에서 드러나지 않았거나 추상적으로 표현되어 더 궁금한 점을 메모하게 했다. 자기가 쓴 글이 자기에게 다시 돌아올 때까지 돌려 읽기는 계속되었고, 아이들은 독자의 시선으로 친구의 글에서 부족한 정보나 더 알고 싶은 내용을 구체적으로 질문했다.

＊ ＊ ＊

드디어 글쓰기 시간. 여러 차시의 준비 활동을 통해 자기 이야기에 충분히 몰입한 아이들은 생각보다 긴 글을 잘 써나갔다. 앞선 수업에서 배웠던 생동감 있는 글쓰기를 위한 방법을 적용하고 친구들이 써준 질문의 답을 글로 구체화해 나가며 막힘없이 썼다. 그런 아이들을 보고 있자니 내 안의 어떤 감정이 왈칵 쏟아졌다. 아이들과 이렇게 글쓰기 수업을 할 수 있다니. 아이들이 자기 이야기를 이토록 진지하게 써낼 수 있다니. 그때부터 내 역할은 글쓰기 코치였다. 아이들의 글에서 좋은 부분을 짚어주고, 어느 지점에서 막혀 다음 문장으로 나아가지 못하는 아이들과 대화해 글의 물꼬를 틔워주는 것이었다.

초고 쓰기가 끝난 후에는 고쳐쓰기 시간도 따로 주었다. 미처 확인하지 못한 맞춤법이나 띄어쓰기 확인은 물론이고, 중복되는 표현이나 통일성을 해치는 문장을 삭제하며 글을 다듬게 했다. 아이들은 자기가 이렇게 긴 글을 써냈다는 사실 자체에 고무되어 있었다. 그런 아이들을 보는 내 마음도 하늘 위를 두둥실 날아가는 것 같았다.

글쓰기 수업의 피날레는 낭독회였다. 글쓰기 수업 첫 시간에 글쓰기가 마무리되면 자기가 쓴 글로 낭독회를 한다고 미리 공지를 해두었다. 아이들은 괴성(?)을 지르며 명확한 거부 의사를 표현했지만, 글을 쓰는 동안 자기 글에 애정이 생겨서인지 친구 글에 호기심이 생겨서인지, 정작 낭독회 당일이 되자 모두 약간은 설렌 듯 상기된 모습을 보였다.

낭독회 당일에는 수업 종이 울리기 전 교실에 들어가서
교실의 책상을 모두 뒤로 밀고, 의자만 중앙에 동그랗게 놓
아 낭독회 분위기를 만들었다. 시작 전에 글쓰기 과정을 지
켜본 나의 소감을 담은 글을 먼저 읽었다. 열 시간 동안 누구
하나 포기하지 않고 무사히 글쓰기의 항해를 마친 것에 대
한 감사와 감동을 담은 글이었다. 그 덕분인지 아이들은 조
금 더 진지한 태도로 낭독회에 참여했다.

아이들은 자기가 쓴 글 세 편 중 한 편을 골라 읽었다. 상
황에 따라 일정 부분만 골라 읽는 아이도 있었다. 한 명 한
명 낭독이 끝날 때마다 교실에는 공감의 끄덕임과 잔잔한
박수 소리가 울렸다. 가끔은 여기저기서 눈물을 훔치는 모
습도 보였고, 또 가끔은 온 교실 가득 웃음 소리가 번지기도
했다. 우리가 함께 이토록 따스한 시간을 보내고 있음에 감
사하고 행복한 시간이었다. 그렇게 열두 시간에 걸친 수필
쓰기 수업이 모두 끝이 났다.

'생각만 해도 좋은 한 가지'에 대한 글쓰기였지만 꽤 많은
아이가 자신의 아픔을 글에 담아내었다. 무언가를 좋아하는

마음은 그냥 생기는 게 아니었다. 힘들고 지칠 때, 그 마음을 위로해준 무언가를 좋아하는 거였다. 늘 귀에 무선 이어폰을 꽂고 있는 아이는 음악에 기대어, 친구들의 영향을 많이 받는 아이는 친구에 기대어, 멍하게 창밖을 바라보던 아이는 계절과 하늘빛에 기대어 녹록하지 않은 날들을 버텨내고 있었다.

활동이 끝난 뒤에는 아이들의 소감을 받았다. 그중 내 마음을 크게 울린 두 아이의 소감을 남긴다.

이 활동은 고등학생에게 정말 필요한 것 같다는 생각이 들었다. 자신이 좋아하는 게 무엇인지, 그것을 좋아하게 된 과정은 무엇인지 등을 생각할 수 있는 시간이었다. 보통 친구들에게는 좋아하는 것을 더 좋아하게 되는 기회가 되었을 것이고, 힘든 일이 있는 친구들에게는 어쩌면 좋아하는 것을 확실히 알게 되어 지친 삶 속에서 위로가 되는 시간이었을 것이다.

활동 전에는 내면의 얘기를 하는 것이 꺼림칙했다. 하지만 글로 쓰고 마지막에 친구들 앞에서 발표도 해보니 내면을 얘기하는 것이 그렇게 어렵고 꺼림칙한 일은 아니라는 것을 알게 되었다.

수업을 받는 학생으로서의 한 걸음이 아니라, 진짜 어른으로서 한 걸음을 내딛는 수업이 된 것 같다.

수필 쓰기 수업 이후라 그런지 소감마저도 한 편 한 편의 수필처럼 진솔하고 따뜻했다. 글쓰기 수업이 '지친 삶을 위로하는 시간'이자 '진짜 어른으로 한 걸음 내딛는 수업'이라 말해준 아이들. 그들 덕분에 나도 글쓰기 수업 내내 위로받았고 앞으로는 조금 더 나은 어른이 될 수 있을 것만 같다. 진심을 알아봐주고 마음을 드러내놓기를 주저하지 않은 아이들 덕분에 이토록 특별한 수업을 완성할 수 있었다. 함께 해준 아이들에게 이 말을 꼭 전하고 싶다.

"우리가 수업을 통해 나눈 마음은 성적으로 환산할 수 없을 거야. 오랜 시간이 지난 어느 날, 불현듯 우리가 함께했던 이 봄이 떠올랐을 때, 너희들의 마음에도 볕이 들면 좋겠다. 너희와 함께한 이 봄은 정말로 따뜻했단다."

또다시 선을 넘어서며

앞서도 여러 번 말했지만 나는 강의식 수업을 선호하지 않는다. 이 전제는 지금도 유효하다. 강의식 수업을 폄하하는 것은 절대 아니다. 내가 잘 해낼 자신이 없는 방식임을 인정하는 것이다. 이런 내가 강의식 수업을 적극적으로 시도한 적이 있다.

2년 전 1학년 국어 수업을 학급당 두 시간씩 맡고 있던 때였다. 두 시간 중 한 시간은 읽기 관련 프로젝트 수업을 진행하고 있었기에 진도를 나가는 수업은 일주일에 고작 한 시간이었다. 그 한 시간 수업을 어떻게 하는 게 좋을까 고민이 많았다. 특히나 해당 학기에 아이들이 배워야 하는 내용이 고전 문학이라 고민이 더 깊었다. 고전 문학 중에서도 고어로 쓰여 있는 고전 시가는 아이들이 접근하기가 무척 어렵다. 기본적으로 내용 이해조차 안 되는 상황에서 아이들의 활동으로 수업을 구성하게 되면 배워야 할 핵심 내용은 사라지고 활동만 남는 경우가 생길 수도 있었다. 그렇다고 여태 안 하던 강의를 하자니 자신이 없었다. 강의를 잘하고 못하고의 문제가 아니었다. 내가 강의하는 동안 초점을 잃고 흐려질 아이들의 눈빛이 두려웠고, 무너지는 아이들의 자세를 지켜볼 각오가 서지 않았다. 어떻게든 활동지로 구성을 해보려고 이런저런 자료를 찾아보다가 잠깐 딴짓을 했는데, 그때 보게 된 영상 하나가 수업의 방향을 통째로 흔들 줄은 꿈에도 몰랐다.

* * *

그건 한 학생의 인터뷰 영상이었다. 경제적으로 무척 어려운 상황에서 학교에 다녔다는 학생은 학업의 어려움을 호소했다. 대부분의 아이가 입시 공부를 사교육에 의존하는 상황에서 사교육의 힘을 빌릴 수 없는 자신과 같은 아이들은 의지할 데가 없다고. 학교에서 노트북과 온라인 수강권을 제공해주었지만, 노트북이 너무 오래된 것이라 로딩조차 제대로 되지 않는다고…… 기댈 데 없는 아이의 호소를 들으며 뒤통수를 세게 맞은 기분이 들었다.

이제껏 아이들과 함께 수업을 만들어오면서, 아이들에게는 무언가를 구성할 힘이 있으니 나는 판을 깔아주는 역할을 해야 한다고 확신해왔다. 물론 그 확신은 아직 유효하나 어떤 경우에는 (강의를 비롯한 다양한 형태의) 적극적인 도움이 필요한 아이들이 있다는(어쩌면 많다는) 걸 별안간 깨달았다. 참 우스운 것은 나 또한 그런 아이 중 하나였다는 사실이었다. 시간이 지나고 서 있는 위치가 달라지자 까마득하게 잊고 살았던 것이다. 이 지점에서 특히 부끄러웠다.

수능과 내신 등급이 입시에서 가장 큰 비중을 차지하는 지금의 상황에서 사교육의 힘을 빌릴 수 없는 아이들이 의지할 곳은 학교 수업뿐이다. 유명 입시 학원에 다니고 일타 강사의 강의를 아무런 어려움 없이 수강할 수 있는 아이들에게 학교 선생님의 강의는 어딘가 부족할지도 모른다. 내가 아무리 강의를 잘해봐야 매일 강의 준비에 엄청난 에너지를 쏟는 일타강사들보다 잘할 수는 없을 테니. 그렇지만 학교 수업에 오롯이 의지해야 하는 아이들에게는 학교 수업만이 한 줄기 빛이었다. 생각이 거기까지 미치자 강의가 필요한 순간에는 제대로 준비해 강의도 할 수 있어야겠다는 다짐이 섰다. 거의 10년 만이었다.

강의를 하더라도 그냥 칠판 앞에 서서 하는 강의는 할 자신이 없었다. 보나 마나 시작한 지 얼마 안 되어 한둘씩 무너질 게 뻔했으니까. 그걸 보면서 강의를 이어나갈 각오가 서지 않았다. 스물대여섯 명이 오롯이 나만 쳐다보는 상황 또한 너무 낯설 것 같았다. '그래! 선을 넘자. 이번에도!'

나는 선을 넘어가 강의를 했다. 그러기 위해 PPT 자료를 만들었고 레이저 포인터를 사용했다. 한 자리에만 서 있지 않고 교실 여기저기를 돌아다니며 강의를 했다. 졸려하는 아이들 곁으로 다가가 등을 두드리기도 하고 가까이에서 눈을 마주치며 아이들이 제대로 수업에 임하고 있는지 교과서와 활동지를 확인하기도 했다. 일부러 필기를 강조해서 아이들의 손과 눈이 같이 움직이도록 했다. 종종 허술한 나는 PPT 자료에 오류를 몇 개씩 만들었고 나보다 똑똑한 아이들은 그것을 모두 찾아냈다. 수업을 하다 말고 PPT를 고쳐가며 강의를 마쳤다. 아이들 옆에 서서 하는 강의는 내게도 새로운 경험이었다. 잠이 온다며 교실 뒤편 키다리 책상에 서서 수업을 듣는 아이들이 있었는데, 그 곁에 서서 수업을 하며 앉아 있는 아이들의 뒤통수도 실컷 보았다.

＊ ＊ ＊

"와! 선생님! 저 이렇게 필기해보는 거 첨이에요!"

"이거랑 이거는 같은 내용인 것 같은데 왜 다른 색깔로 필기하라고 하셨어요?"

"선생님! 세 번째 PPT 화면 다시 보여주시면 안 돼요? 하나 놓치고 지나왔어요."

"이거 아까 받아쓰긴 했는데 무슨 말인지 이해가 잘 안 돼요. 한 번만 더 설명해주시면 안 될까요?"

강의를 마무리하려는데 아이들에게서 각종 요청이 쏟아졌다. 아이들도 나도 강의는 처음이라 아이들은 질문을 하거나 무언가를 요청할 타이밍을 놓쳤고, 나는 아이들의 반응을 섬세하게 살피지 못했다. 아이들의 요청에 응하거나 질문에 다시 답하며 놓친 부분을 되짚어 설명하는데 문득 그런 생각이 들었다.

'이런 강의라면, 이렇게 아이들과 소통하며 진행할 수 있는 강의라면 지루하지 않게 할 수도 있겠다.'

그러지 않기를 간절히 바라지만 어쩌면 받아쓰기에 바빠서 한 시간이 그냥 지나간 아이들도 있었을 것이다. 그래도 사교육의 힘을 빌리기 어려운 어떤 아이들에게는 조금의 도움이 되었기를 바랐다. 한 번도 수업 시간에 펜을 들고 필기를 해본 적이 없다던 몇몇 아이에게는, 제가 빼곡히 쓴 빨강과 파랑 글씨로 가득한 학습지가 약간의 성취감도 주었으면 좋겠다 싶었다.

앞으로도 꼭 필요하다는 생각이 들 때면, 종종 선을 넘는 강의를 준비해야겠다. 명강의를 할 자신은 없지만 적어도 잠으로 달아나는 아이들을 깨우고 일으키고 다독이며 해볼 자신은 생긴 것 같다.

수업에 정답은 없다

국어 수업과 관련된 이야기를 쓰면서 종종 두려웠다. 지금 대한민국의 교육 현실을 고려할 때, 일반계 고등학교 국어 수업에서 강의식 수업을 거의 하지 않고 등급제를 부정적으로 바라보는 나 같은 교사의 이야기는 누군가에게는 상처로 다가올지도 모른다. 어쩌면 학생들의 성적을 올려주기 위해 고군분투하는 교사들과 등급을 올리기 위해 밤잠을 설치며 공부하는 아이들, 그 모두에게.

글을 쓰고 책을 읽는 수업이 중요하지 않다고 생각하는

국어 교사는 단연코 없을 것이다. 그런 방식이 국어 수업의 본질임을 부정하는 교사도. 다만 본질을 좇는 일은 언제나 이상을 향해 있어서, 현실에서 한 뼘쯤 발을 띄워 올려야 한다. 당장의 현실에도 허덕거리는 아이들에게, 그런 아이들을 위해 노력하는 교사들에게 이상을 향해 나아가자는 제안은 배부른 소리일지도 모른다.

학교에는 다양한 교사가 존재한다. 나처럼 이상을 향해 달리는 교사도 있고, 현실에 도움이 되기 위해 최선을 다하는 교사도 있다. 수행평가를 준비하고 실행하는 데 많은 에너지를 쏟는 이도 있고, 양질의 지필평가 문항을 개발하고 하나라도 더 가르쳐주기 위해 고군분투하는 이도 있다. 누가 더 좋은 교사라고 감히 말할 수 없다. 우리는 모두 어떤 식으로든 아이들에게 도움이 되고자 최선의 노력을 기울이고 있다. 그저 저마다 다른 교육관을 가졌을 뿐이다.

강의 준비에 최선을 다하는 동료 교사들을 보면 존경심이 든다. 생각해보면 내가 하지 못하는 일, 아이들의 현실을 살피는 일에 마음을 쏟는 분들에게 내 수업은 큰 빚을 지고 있는 셈이다. 그들이 내가 하지 못하는 것을 해주기에 나는 다른 부분에 몰두할 수 있는 것일 테니까. 그렇기에 나는 내 수업에 최선을 다하지만, 내 수업이 모두에게 최선의 수업이라고는 결코 생각하지 않는다.

부끄러운 고백을 하자면 과거에는 이런 생각을 한 적도 있다. 교사들이 너무 바뀌지 않는다고. 아이들은 실시간으로 변화하는데 아직도 강의를 하고 문제를 푼다고. 얼마나 자만에 가득한 생각이었는지 모르겠다.

아이들에게는 삶을 다루는 수업만큼이나 좋은 점수가 필요하다. 교육으로 유리 천장을 뚫을 수 없는 세상이라고 하지만, 그래도 교육 외에는 다른 방도가 없는 세상이기도 하다. 특히 현재의 삶이 어려운 아이들에게 좋은 대학, 좋은 직장만큼 극적인 전환점은 없다. 나 역시 교육이라는 전환점을 통과하여 결핍으로 점철되었던 세월에서 벗어났다. 좋은 대학, 좋은 직장에 가기 위해서는 결국 좋은 점수가 필요하다. 그것을 위해 애쓰는 교사들의 노력은 어떤 식으로든 폄하되어서는 안 된다.

나와 과목은 다르지만 아주 가깝게 지내는 Y 선생님을 볼 때면 이런 생각에 확신이 든다. Y 선생님의 수업을 한 발치 떨어진 곳에서 관찰해보면 놀랍기 그지없다. 수업 시간 오십 분 동안 잠깐의 틈도 허용하지 않을 만큼 빡빡한 강의를 하는데, 수업에서 이탈하는 아이가 아무도 없다. 나처럼 선을 넘어 온 교실을 돌아다니며 강의를 하는 것도 아니고, 매시간 활동지를 만들어 아이들이 직접 활동을 하게 하는 것도 아니다. 대단한 멀티미디어 자료를 쓰거나 요즘 유행하는 각종 애플리케이션을 활용하지도 않는다. 그럼에도 Y 선생님의 수업을 듣는 아이들은 앞자리 쟁탈전을 벌이고, Y 선생님의 말을 하나라도 놓칠세라 눈과 귀를 한껏 열어둔다. 심지어 Y 선생님이 여는 야간 보충수업은 1초 만에 마감되기 일쑤고, 아이들은 수시로 교과 내용을 질문하기 위해 Y 선생님이 있는 교무실 앞을 서성인다. Y 선생님의 담당 과목은 학력이 낮은 우리 학교 아이들이 유일하게 1등급을 노리는 과목이자, 실제로 유일하게 1등급이 여러 명 나오는 과목이기도 하다. Y 선생님의 수업을 듣는 대부분의 아이가 그 과목으로 수능 최저 성적을 맞추어 대학에 입학할 꿈을 키운다.

"선생님 수업은 정말 대치동 일타강사 안 부럽네요!"

"내가 아무리 잘해봐야 일타강사를 따라가겠어요? 별로 대단한 강의를 하는 것도 아닌데 도대체 애들이 왜 저러는지 모르겠네요."

머쓱한 듯, 아이들의 마음을 알 수 없다고 하지만 Y 선생님을 지켜보는 모두가 알고 있다. Y 선생님이 수업에 얼마나 진심인지. 그 진심의 중심에 아이들을 향한 마음이 선명하게 새겨져 있다는 것도. 나와 Y 선생님은 수업 방식이 다를 뿐, 아이들의 미래를 고민하고 현재를 염려하며 그들과 진심 어린 관계를 맺는 데 주저함이 없다는 점에서 같은 곳을 향해 있다.

수업에 정답은 없다. 교사 개인이 선호하는 방식이 있고 아이들에게 더 도움이 된다고 판단하는 방식이 있을 뿐이다. 결국 어떤 방식을 적용하느냐보다 중요한 것은 '어떤 목적을 향해 있는가'이다. 어떤 수업을 하든 아이들의 성장과 성숙을 돕고자 하는 목적이 분명하다면 모든 수업은 저마다의 의미와 가치가 있다고 생각한다.

✻ ✻ ✻

얼마 전 읽은 책의 제목 중에 마음 깊은 곳에 남은 것이 있다. 비욘 나티코 린데블라드라는 수도승이 쓴 《내가 틀릴 수도 있습니다》이다. 내용도 내용이지만 그보다 책의 제목이 마음에 쿡 박혔다. 우리는 틀리지 않기 위해서 많은 에너지를 쏟으며 산다. 정답을 찾기 위해 몰두하고, 오답을 피하기 위해 타인의 삶을 기웃거린다. 내가 옳다는 생각에 갇히면 자만하고, 내가 틀렸다는 생각에 갇히면 불안하다.

그런 점에서 '내가 틀릴 수도 있다'라는 문장의 의존명사 '수'가 주는 힘은 대단하다. '어떤 일을 할 만한 가능성'을 뜻하는 '수'가 '틀리다' 뒤에 붙으니 많은 부분이 달라진다. 틀릴 수 있는 가능성을 생각하는 일은 불안을 낮추고 자만을 잠재운다. 내가 틀릴 수도 있으니 타인의 방식을 존중해야 하고, 내가 틀릴 수도 있으니 자기반성은 필수다. 정해진 답이 없으니 자연히 오답도 없다. 오직 지금의 내가 내린 답이 있을 뿐.

지금 나는 본질을 좇아가보는 데서 내 수업의 답을 찾는 중이다. 본질에 가닿지 못하더라도 아이들의 삶 속에 살아 있는 수업을 꿈꾸고 있다. 정작 아이들의 현실 문제인 수능 점수에는 별 보탬이 되지 못하겠지만, 그 부분에서만큼은 다른 선생님들의 수업에 빚지는 마음으로 좀 다른 길을 가보려는 참이다.

물론 이 길이 누군가에게는 틀린 것일 수도 있다. 그럴 때면 Y 선생님과 같은 동료에게 의지하여 나만의 답안지를 조금씩 수정해나가려 한다. 어차피 수업에 정답은 없을 테니까 멈추지 않고 나아가보고 싶다.

선배 교사의 퇴임식을 지켜보며

2월 초, 공식적인 종업식을 끝으로 한 학년도가 끝났다. 종업식이 있던 날, 우리 학교에서 정년 퇴임을 맞은 두 선생님의 퇴임식이 있었다. 한 분은 교장 선생님, 한 분은 수학 선생님이었다. 관리자인 교장 선생님의 퇴임식은 종종 보았지만 평교사로 정년 퇴임까지 하는 선생님은 실로 오랜만이었다. 두 분의 퇴임식을 지켜보며 참 많은 생각이 스쳤다.

공교롭게 교장 선생님도 평교사 시절 담당 과목이 수학이었다. 함께 퇴임하는 선생님과 대학 선후배 사이라고(교장 선생님이 후배시라고!). 대학 선후배가 교직에서 40년이라는 세월을 보내고 나란히 퇴임할 확률이 얼마나 될까. 참 신기하고 묘한 인연이었다.

　두 분의 약력을 듣는데 입이 떡 벌어졌다. 교장 선생님은 여덟 개 학교에서, 수학 선생님은 아홉 개 학교에서 총 40년을 근무하셨다고 했다. 교장 선생님은 교육청 근무 이력도 있고 교감, 교장이라는 관리자로서의 이력도 있었지만 수학 선생님은 순수하게 아홉 개 학교에서 학생들을 만나고 가르친 이력으로만 꽉 차 있었다. 이력을 듣는 것만으로도 가슴이 뭉클하고 이유 없이 마음이 애틋해졌다.

　먼저 퇴임사를 한 분은 수학 선생님이셨다. 40년간 총 아홉 개 학교를 거쳐 정년 퇴임에 이르기까지 얼마나 많은 일을 겪으셨을까. 심지어 정년 퇴임이 예정되어 있던 이번 해에도 고3 담임을 맡을 만큼 열정적이셨으니 지난 40년의 교직 생활이 어떠했을지 짐작이 갔다. 그 긴 세월 동안 교직이 늘 좋기만 했을 리 없었다. 단어 그대로 우여곡절이 많았을 것이다. 다만 그 시간을 무사히 보내고 마지막으로 교단에 선 느낌이 어떠했을지, 하루 먼저 치른 졸업식에서 마지막 제자들을 보내는 마음은 또 어떠했을지 나로서는 감히 상상할 수 없었다. 마지막 순간까지 학생들과 가장 가까운 곳에 머문 용기와 열정에 절로 존경심이 들었다.

선생님의 퇴임사가 이어지는 동안 여기저기서 훌쩍이는 소리가 들렸다. 말씀하시는 선생님도 많이 우셨다. 같은 학교에 근무했지만 맡은 학년이 달라 대화 한 번 제대로 나눠 본 적 없던 나도 눈물을 참기 어려웠다. 눈물을 머금고 애써 담담하게 지난 시간이 참 행복했다고, 선생님으로 살 수 있어서 참 즐거웠다고 말씀하시는 목소리를 들으며 나의 미래를 상상했다.

학교가 좋고 수업이 좋고 아이들이 좋지만 '이 일을 정년까지 할 수 있을까'라는 질문에는 늘 확답하기 어려웠다. 아이들과 나 사이에 좁힐 수 없는 세대 차이가 느껴진다면 지금처럼 아이들과 좋은 관계를 유지할 수 있을까 의심했다. 아이들의 생각을 읽지 못하고 내 생각을 강요하는 순간이 온다면 미련 없이 이 일을 그만둬야겠다는 생각도 했다.

떠나는 순간까지도 학생들 곁에 머무르며 정년을 맞이하신 분의 퇴임사에는 그 어떤 후회도, 안타까움도, 미련도 없었다. 떠나는 이의 아쉬움은 있었지만 그보다 더 큰 감사와 사랑의 메시지가 가득했다. 함께했던 선생님들에 대한 감사, 교직에 설 수 있게 해준 학생들에 대한 감사. 그 마음이 듣는 우리에게도 전해져 모두가 함께 눈물을 흘린 것이 아닐까.

그런가 하면 교장 선생님의 퇴임사는 조금 더 담백하고 홀가분했다. 당신이 초임 시절 만났던 교장 선생님에 대한 나쁜 기억 때문에 '만약 관리자가 된다면 저런 관리자는 되지 않아야지' 하고 결심하셨다는 말씀(실제로 선생님들을 신뢰하는 좋은 교장 선생님이셨다), 교육민주화 운동에 참여하여 유치장에서 잠을 자거나 징계를 받았던 날들에 대한 회상(그 시절이 있었기에 지금의 내가 있는 거구나 생각했다), 교장으로서 우리 학교에 첫 부임할 때의 소감과 선생님들에 대한 감사의 말씀까지. 그중에서도 가장 인상적이었던 한마디는 바로 이것이었다.

"40년 동안 잘 놀다 갑니다! 건강하이소!"

40년의 교직 생활 동안 숱한 어려움을 겪으셨을 교장 선생님의 입에서 '잘 놀다 갑니다'라는 말이 나왔을 때, 나는 솔직히 감탄했다. 학교에 근무하시는 동안 교장 선생님이 실제로 마음 편히 놀아본 날은 단연코 단 하루도 없었을 것이다. 약력만 들어봐도 교장 선생님이 거쳐온 학교는 여러모로 힘든 학교라고 소문 난 곳들이었다. 그게 아닐지라도 교장이라는 자리까지 올라가기 위해 얼마나 고군분투해야 했을지는 충분히 짐작할 만했다. 내가 만약 저 자리에 있다면 저렇게 홀가분하게, 또 행복하게 그동안 학교에서 잘 놀다 간다고 말할 수 있었을까.

40년을 매일 아이들이 만든 왁자지껄함 속에 사시던 두 분의 삶은 이제 조금 고요해질 것이다. 창밖으로 교복을 입고 가방을 메고 등하교하는 아이들을 보면 괜히 울컥하는 순간이 찾아올지도 모른다. 그러나 교장 선생님이 퇴임사에서 남긴 말씀처럼, 학교라는 놀이터에서 40년이나 실컷 놀아보셨으니 이제는 조금 더 편안한 제2의 놀이터를 찾으시기를 바란다. 선생님들의 뒤를 따라 정년까지 이 일을 할 수 있을지는 확신할 수 없지만, 이곳에서 조금 더 신명 나게 놀아봐야겠다는 결심은 선다.

언제가 되었든 이 놀이터를 떠나는 순간이 오면 미련도,

후회도, 안타까움도 없이 가볍게 훌훌 나설 수 있기를. 아쉬움은 조금만, 감사는 크게 전할 수 있기를. 충분히 사랑하고 사랑받은 시간이었다 확언할 수 있기를.

다정한 교실은
반드시 존재해야 하니까

학교가 놀이터처럼 재미있다고 느끼는 학생도 있는 반면, 감옥 보듯 학교를 벗어나고 싶어 하는 학생도 있습니다. 학창 시절, 한부모가정이자 기초생활수급자였던 저에게 학교는 사회적 편견을 마주하는 공간이자, 마음을 드러내는 것보다 숨기는 편이 상처받지 않는 방법임을 암묵적으로 학습한 공간이었죠. 허서진 선생님을 스승으로 만나기 전까지는요. 마음을 굳게 닫고 일상처럼 두꺼운 가면을 쓰다시피 했던 저에게 선생님은 제가 성인이 되어서도 몇 번이고 안부를 건네시고, 기쁨과 슬픔을 함께 공유하자며 손을 내밀어주셨어요.

학교 가는 것이 두렵고 힘겨워서 괜히 학교 근처를 배회하며 지각을 일삼던 저는 어른이 되어 다시 이곳 학교에 와서 아이들을 만나고 있습니다. 저와 비슷한 아이들이 제게 다가와 함께 상처를 치유해나갈 때면 허서진 선생님이 꼭 떠오릅니다.

하지만 안타깝게도 학교 현장이 그리 따뜻하기만 한 것은 아닙니다. 학교와 관련된 부정적인 기사들이 넘쳐나는 게 현실이니까요. 교사가 되기 전부터 그런 기사들을 접하며, 교단에 서는 것이 늘 두려웠던 것 같아요. 그래서 무엇이 이곳으로 저를 이끌었는지 종종 생각하는데, 아마도 선생님이 제게 교실 곳곳에서 보여준 다정함이 저를 학교로 데려다준 것 같아요. 선생님은 아실까요. 아낌없이 저에게 건넨 그 다정함이 제 교단에서도 조금씩 빛을 내고 있다는 걸요. 보고 배운다는 말, 이럴 때 쓰는 거겠지요.

책을 읽으며 저는 다정한 교실이 존재한다는 사실을 넘어, 반드시 존재해야 한다는 절실하고 급박한 당위를 담은 메시지처럼 느껴졌어요. 세상이 빠르게 변해 교육 현장도 예전 같지 않다고 하지만 그래도 여전히 학교는 교사와 학생이 만나 마음을 나누고 함께 배우는 교육 현장이니까요. 마음을 나누는 교실에서는 반드시 이런 다정함이 필요하니까요. 그리고 다정한 교실은 이렇게, 여전히 살아 있어요.

—이혜진(울산 강동중학교 교사)

함께 읽으면 좋은 책

김영민, 《공부란 무엇인가》, 어크로스, 2020.

김현수, 《무기력의 비밀》, 에듀니티, 2023.

김현수, 《요즘 아이들 마음고생의 비밀》, 해냄, 2019.

김홍태, 《동사형 꿈》, 시간여행, 2014.

도종환, 《도종환의 교육 이야기》, 사계절, 2011.

박종근, 《다시, 교사를 생각하다》 교육과실천, 2020.

사토 마나부, 《수업이 바뀌면 학교가 바뀐다》, 에듀니티, 2014.

서근원, 《수업을 왜 하지?》, 우리교육, 2013.

서머싯 몸, 《달과 6펜스》, 민음사, 2000.

우치다 타츠루, 《완벽하지 않을 용기》, 에듀니티, 2020.

이혁규, 《누구나 경험하지만 누구도 잘 모르는 수업》, 교육공동체벗,
    2013.

정혜신, 《당신이 옳다》, 해냄, 2018.

파커 J. 파머, 《가르칠 수 있는 용기》, 한문화, 2013.

해나 비치·타마라 뉴펠드 스트라이잭, 《교사는 어떻게 아이의 삶을 바
    꾸는가》, 한문화멀티미디어, 2022.

헤르만 헤세, 《데미안》, 민음사, 2000.